AF394490

Λίγα λόγια για τη συγγραφέα

Η Σωτηρία Δημοπούλου, με σπουδές στην Ιστορία και Αρχαιολογία και κάτοχος διδακτορικού τίτλου στην Κλασική Αρχαιολογία του Πανεπιστημίου Μύνστερ, έχει πολυετή διδακτική εμπειρία στη διδασκαλία της Αρχαίας και Νεοελληνικής Γλώσσας αλλά και Λατινικών τόσο σε τελειόφοιτους ελληνικών σχολείων στην Ελλάδα και στη Γερμανία, όσο και σε μαθήτριες και μαθητές τμημάτων της ελληνικής ως γλώσσας καταγωγής. Τα τελευταία δεκαπέντε χρόνια εργάζεται ως εκπαιδευτικός σε τμήματα της ελληνικής ως γλώσσας καταγωγής σε σχολεία της Βόρειας Ρηνανίας Βεστφαλίας. Έχει συμμετάσχει σε αρχαιολογικά συνέδρια και έχει δημοσιεύσει πολλά επιστημονικά άρθρα.

Zur Autorin

Sotiria Dimopoulou studierte Geschichte und Archäologie in Griechenland und promovierte in Klassischer Archäologie an der Universität Münster. Sie verfügt über langjährige Lehrerfahrung im Alt- Neugriechisch Unterricht und Latein sowohl für Oberstufenschüler*innen der griechischen Schulen in Griechenland und Deutschland als auch für Schüler*innen mit Griechisch als Herkunftssprache. Seit fünfzehn Jahren ist sie als Lehrerin im Bereich Herkunftssprache in Nordrhein-Westfalen tätig. Sie hat an archäologischen Konferenzen teilgenommen und mehrere wissenschaftliche Artikel veröffentlicht.

Sotiria Dimopoulou

Griechisch als Herkunftssprache

für die 6. und 7. Klasse

Themen und Übungen

Impressum

Bibliografische Information der Deutschen Nationalbibliothek: Die Deutsche Nationalbibliothek verzeichnet diese Publikation in der Deutschen Nationalbibliografie; detaillierte bibliografische Daten sind im Internet über dnb.dnb.de abrufbar.

Die automatisierte Analyse des Werkes, um daraus Informationen insbesondere über Muster, Trends und Korrelationen gemäß §44b UrhG („Text und Data Mining") zu gewinnen, ist untersagt.

Coverdesign von: Ilias Georgiadis
Satz & Layout: Ilias Georgiadis

Verlag: BoD · Books on Demand GmbH, In de Tarpen 42, 22848 Norderstedt, bod@bod.de

Druck: Libri Plureos GmbH, Friedensallee 273, 22763 Hamburg

ISBN: 978-3-7693-1600-1

Πρόλογος

Το εγχειρίδιο αυτό αποτελεί μία προσπάθεια συγγραφής θεμάτων κατάλληλα επεξεργασμένων για την εκμάθηση της ελληνικής ως γλώσσας καταγωγής. Απευθύνεται στη/στο μαθήτρια/μαθητή της 6ης αλλά και 7ης τάξης του γερμανικού σχολείου που παρακολουθεί τακτικά τα μαθήματα της ελληνικής και προσαρμόζεται στο ανάλογο μαθησιακό επίπεδο.

Συμβαδίζει με το πρόγραμμα σπουδών και τις κατευθυντήριες θεματικές του Υπουργείου Παιδείας της Ρηνανίας – Βεστφαλίας για την 6η και 7η τάξη. Το βιβλίο χωρίζεται σε δύο μέρη. Το πρώτο μέρος περιλαμβάνει θέματα που σχετίζονται με τις συγγενικές σχέσεις, την υγεία, το επάγγελμα, τη φιλοζωία και άλλα παρόμοια. Το δεύτερο μέρος είναι αφιερωμένο στον ελληνικό πολιτισμό και τα λαϊκά μας παραμύθια. Τέλος, τα φύλλα εργασίας συμπληρώνουν το εγχειρίδιο αυτό και αποσκοπούν στην επανάληψη των γλωσσικών ενοτήτων.

Το βιβλίο έχει στόχο να βοηθήσει την/τον εκπαιδευτικό αλλά και τους διδασκόμενους στο έργο τους. Τις ευχαριστίες μου οφείλω και πάλι στο σύζυγό μου Ηλία Γεωργιάδη για την επεξεργασία του εξωφύλλου και των εικόνων, αλλά και στην εξαίρετη συνάδελφο Θεοδώρα Ευθυμίου για τη συμβολή της. Εύχομαι σε όλες και όλους καλή σχολική χρονιά και καλή μελέτη.

Η συγγραφέας
Σωτηρία Δημοπούλου

Περιεχόμενα

ΜΕΡΟΣ ΠΡΩΤΟ

ΓΛΩΣΣΑ

ΓΛΩΣΣΑ

Ενότητα 1: Συγγενείς και σχέσεις

Κείμενο

Το ημερολόγιο των συγγενών μου

Η οικογένειά μου για μένα είναι ό,τι πολυτιμότερο έχω και βέβαια μέσα σε αυτήν συγκαταλέγω και τους συγγενείς μου. Η δική μας οικογένεια, τόσο από την πλευρά της μητέρας όσο και του πατέρα μου, αποτελείται από πάρα πολλά μέλη. Η μητέρα μου έχει τρία αδέρφια και ο πατέρας μου δύο αδερφές. Αυτοί με τη σειρά τους είναι όλοι παντρεμένοι και ο καθένας τους έχει δύο και τρία παιδιά. Αντιλαμβάνεστε δηλαδή πόσα ξαδέρφια, θείες και θείους έχω!

Δε σκοπεύω βέβαια να παραλείψω τις γιαγιάδες και τους παππούδες μου, που ζουν σε σχετικά κοντινά μέρη και τους υπεραγαπώ. Όπως όλες οι γιαγιάδες και παππούδες του κόσμου, φροντίζουν και αγαπούν τα εγγόνια τους και όσο να ναι τα κακομαθαίνουν με δώρα, χρήματα, αλλά κυρίως με πολλές αγκαλιές! Θεωρώ πολύ σημαντική τη σχέση με τους γονείς των γονιών μου, γιατί ας μην ξεχνάμε πως σε αυτούς χρωστάμε την απέραντη αγάπη που εισπράττουμε και ανταποδίδουμε καθημερινά.

Οι συγγενικοί δεσμοί όμως δεν περιορίζονται μόνο στους πολύ στενούς μας συγγενείς, αλλά και στην πνευματική μητέρα ή τον πνευματικό μας πατέρα, δηλαδή τη νονά και το νονό μας. Η δική μου νονά είναι η καλύτερη στον κόσμο! Δεν ξεχνά ποτέ να μου τηλεφωνεί τακτικά, για να μαθαίνει τις επιδόσεις μου στο σχολείο και βέβαια στη γιορτή και γενέθλια που μου κάνει απίστευτα δώρα. Πιστεύω πως η σχέση με τη νονά ή το νονό σου είναι πολύ σημαντική, γιατί θεωρείται σα μια δεύτερη μητέρα ή πατέρας σου. Με στενοχωρεί όμως το γεγονός που ορισμένοι φίλοι μου δεν έχουν καμία επαφή μαζί τους. Όταν τους ρωτώ γιατί, δεν μπορούν ούτε οι ίδιοι να απαντήσουν.

Θα ήθελα να κλείσω την αφήγησή μου με κάτι που για μένα είναι πολύ σπουδαίο. Μπορεί οι σχέσεις με την οικογένεια και τους συγγενείς μας να είναι ανεκτίμητες, αλλά θεωρώ πως και ένας κολλητός φίλος ή φίλη είναι εξίσου οικογένεια. Εγώ για παράδειγμα έχω τον Αλέξη σαν αδερφό μου και δεν τον ξεχωρίζω από τα βιολογικά μου αδέρφια. Με στηρίζει σε όλα, ακούει προσεκτικά τα προβλήματά μου και κυρίως λαμβάνει σοβαρά υπόψιν τους προβληματισμούς μου. Πολύ συχνά τον καλεί η μαμά μου για φαγητό, αλλά και η δική του εμένα, αλλά και πολλά καλοκαίρια τα περνάμε μαζί στο εξοχικό μας. Τι άλλο να ζητήσει κανείς όταν γύρω του υπάρχουν τέτοιοι άνθρωποι;

(επιμέλεια κειμένου, Σ. Δημοπούλου)

Ερωτήσεις

1. Για ποιο λόγο πιστεύετε πως η σχέση με συγγενικά πρόσωπα, έτσι όπως παρουσιάζεται από το μαθητή, θεωρείται τόσο σημαντική;

2. Συμφωνείτε με τα όσα γράφει στην τελευταία παράγραφο σχετικά με την αδερφική σχέση που έχει αναπτύξει με το φίλο του; Έχετε παρόμοια παραδείγματα;

3. Σε ένα κείμενο 60-80 λέξεων, αφού παρουσιάσετε τους δικούς σας συγγενείς, να εξηγήσετε τη σχέση σας μαζί τους και τη σημασία της.

Γλωσσικές ασκήσεις

1. Για κάθε μία παράγραφο να γράψετε πλαγιότιτλο.

2. Να βρείτε και να μεταφέρετε τα ρήματα των δύο πρώτων παραγράφων στο παρελθόν (π.χ. έχω → είχα).

3. υπεραγαπώ, κακομαθαίνουν, βιολογικά, παραλείπω: να βρείτε τα συνθετικά των λέξεων και να γράψετε με το α΄ συνθετικό τους μία νέα λέξη (π.χ. υποστηρίζω → υπό + στηρίζω → υπόγειο (νέα λέξη).

4. Να κλείσω, σπουδαίο, ανεκτίμητες, θεωρώ: για κάθε μία από τις λέξεις, οι οποίες βρίσκονται στην τελευταία παράγραφο, να γράψετε και από μία νέα που να έχει περίπου την ίδια σημασία.

Κείμενο

Η συνάντηση Οδυσσέα και Λαέρτη

Αφού ο Οδυσσέας εξόντωσε τους μνηστήρες, πήγε μαζί με το γιο του Τηλέμαχο στο αγρόκτημα που εργαζόταν ο πατέρας του, για να τον συναντήσει. Εκεί βρίσκει τον Λαέρτη ντυμένο φτωχικά να εργάζεται. Επινοεί μια πλαστή ιστορία για τον εαυτό του, αλλά στο τέλος του αποκαλύπτει ποιος είναι. Ας παρακολουθήσουμε τη συγκινητική σκηνή ανάμεσα στον Οδυσσέα και τον Λαέρτη με μια μικρή παράλειψη στίχων που υποδηλώνεται με [....].

Στον Οδυσσέα απάντησε ο πατέρας του με βουρκωμένα μάτια:
«Πράγματι, ξένε μου, φτάνεις στη χώρα που ρωτάς και που
αναζητούσες, μόνο που τώρα την κατέχουν άντρες παράνομοι, αλαζόνες,
έτσι που τα δικά σου δώρα εξανεμίστηκαν, όσα τότε του χάρισες πολλά.
Αν ζωντανό τον έβρισκες εκείνον εδώ στον δήμο της Ιθάκης,

στα δώρα σου ανταμοιβή καλή θα σου έδινε, και πριν
να σε ξεπροβοδίσει, φιλόξενος κι αυτός θα σε κρατούσε
σπίτι του όπως προστάζει το έθιμο, γι’ αυτόν που κάνει την αρχή.
Μα τώρα κάτι άλλο θέλω να μου πεις, μην κρύψεις την αλήθεια·
πόσα τα χρόνια που προσπέρασαν, αφότου εσύ τον έρμο εκείνον
φιλοξένησες, τον δύσμοιρό μου γιο, αν είχα κάποτε
κι εγώ ένα γιο; Αυτόν στο μεταξύ αλλού, από πατρίδα και δικούς μακριά,
μπορεί καταμεσής στο πέλαγος τα ψάρια να τον έφαγαν,
ή στη στεριά τα όρνια να τον σπάραξαν και τ’ άγρια θηρία.
Μήτε κι η μάνα του τον νεκροστόλισε θρηνώντας, μήτε ο πατέρας του,
οι δυο μας που τον φέραμε στον κόσμο· ακόμη η Πηνελόπη,
γυναίκα του ακριβή και φρόνιμη, δεν μπόρεσε, όπως ταίριαζε,
το ταίρι της μοιρολογώντας πάνω στο στρώμα, τα μάτια να του κλείσει
η μόνη χάρη που απομένει για τους πεθαμένους.
Και κάτι ακόμη, πες το μου τώρα αληθινά για να το μάθω·
ποιος είσαι και από πού; Ποια η πατρίδα σου, ποιοι οι γονείς σου;
και κατά πού το γρήγορο καράβι αγκυροβόλησε, αυτό που σ’ έφερε στα μέρη
μας μαζί με τους ισόθεους συντρόφους; Εκτός κι αν έφτασες
με ξένο φορτηγό ταξιδεμένος, κι αυτοί σε ξεφόρτωσαν κι έφυγαν.»
Στα λόγια του αποκρίθηκε ο Οδυσσέας πολύγνωμος:
«Όλα που ρώτησες θα σου τα πω, τίποτα δεν θα κρύψω.
Πατρίδα μου ο Αλύβαντας, όπου το φημισμένο σπιτικό που κατοικώ·
είμαι ο γιος του βασιλιά Αφείδα, του Πολυποίμονα εγγονός·
το όνομά μου Επήριτος· όμως κάποιος θεός, άγνωστο ποιος,
από τη Σικανία άθελά μου με παρέσυρε, κι έφτασα τώρα εδώ.
Στέκει αραγμένο το καράβι μου μακριά απ’ την πόλη, σ’ απόμερο
γιαλό· πέρασαν κιόλας πέντε χρόνια, αφότου ο δύσμοιρος εκείνος
φεύγοντας άφησε τα μέρη μας· στον μισεμό του όμως τον συνόδεψαν
δεξιά πουλιά και καλοσήμαδα· έτσι, χαρούμενος εγώ τον ξεπροβόδισα,
χαρούμενος ξεκίνησε κι εκείνος. Με την ελπίδα στην ψυχή κοινή,
ξανά οι δυο φιλόξενα να σμίξουμε, ωραία δώρα πάλι ν’ ανταλλάξουμε».
Έτσι του μίλησε, και τον πατέρα του τον κάλυψε μαύρη νεφέλη πόνου·
στα δυο του χέρια φούχτωσε καμένη στάχτη, την έριξε
στο γκρίζο του κεφάλι, σπαραχτικά θρηνώντας.
Του Οδυσσέα τότε η καρδιά σπαρτάρησε, έτοιμος να ξεσπάσει, έτρεμαν

τα ρουθούνια του, βλέποντας τον πατέρα του τόσο βαριά
να κλαίει και να βογγά.
Ρίχτηκε πάνω του, τον αγκαλιάζει, τον φιλεί κι ομολογεί:
«Είμαι εγώ, πατέρα μου, αυτός που αναζητούσες, μπροστά σου εδώ·
κι αν πέρασαν στο μεταξύ είκοσι χρόνια, έφτασα τέλος στην πατρίδα.
Αλλά συγκράτησε τώρα τον θρήνο σου, σταμάτησε το δακρυσμένο βογγητό
σου. Κι αμέσως θα το πω ο χρόνος τρέχει, πρέπει να βιαστούμε·
σκότωσα τους μνηστήρες μέσα στο παλάτι, την άπονή τους βλάβη
εκδικήθηκα, τα ανόσια έργα τους».
Πήρε τον λόγο ο Λαέρτης πάλι, φώναξε:
«Αν πράγματι ο Οδυσσέας είσαι, αν έφτασες εδώ εσύ ο γιος μου,
σημάδι πες μου αληθινό, τότε θα σε πιστέψω».
[…] Τόσα του είπε, λύθηκαν τότε του Λαέρτη γόνατα και καρδιά,
αναγνωρίζοντας σημάδια απαραγνώριστα, όσα ομολόγησε ο Οδυσσέας.
Οπότε, απλώνοντας τα δυο του χέρια, κρεμάστηκε από τον λαιμό του,
ενώ λιπόθυμο τον συγκρατούσε πάνω του βασανισμένος ο Οδυσσέας και
θείος.

(Ομήρου Οδύσσεια, στ. 280-348. Μτφρ. Δ.Ν. Μαρωνίτης)

Ερωτήσεις

1. Εξηγήστε με δικά σας λόγια τη σκηνή ανάμεσα σε πατέρα και γιο όπως την καταλάβατε από τους παραπάνω στίχους. Γιατί πιστεύετε δεν ήθελε να αποκαλύψει αρχικά την ταυτότητά του ο Οδυσσέας;

2. Βρείτε τα σημεία στο κείμενο με λέξεις ή φράσεις που δείχνουν τη σχέση του Οδυσσέα με τον πατέρα του Λαέρτη.

3. Γράψτε σε μία παράγραφο 50 περίπου λέξεων ποιο σημείο της αφήγησης σας συγκίνησε περισσότερο και γιατί.

Μητέρα και Αρχαιότητα

Ο σημαντικός ρόλος της γυναίκας-μητέρας είναι γνωστός μέσα από τους αρχαιοελληνικούς μύθους. Η γιορτή της Άνοιξης ήταν αφιερωμένη στη Γαία, στη μητέρα Γη δηλαδή που ήταν η μητέρα όλων των Θεών και ανθρώπων σύμφωνα με τους αρχαίους. Στη συνέχεια λατρευόταν η κόρη της Γαίας η Ρέα, σύζυγος του Κρόνου και μητέρα του Δία.

Υπάρχουν διάφοροι μύθοι γύρω από τη γέννηση του Δία και την προστασία που του πρόσφερε η Ρέα, προκειμένου να μην τον κατασπαράξει ο Κρόνος, ο οποίος πίστευε πως θα του πάρει το θρόνο. Έτσι, μόλις η Ρέα γέννησε το Δία έδωσε στον Κρόνο να καταπιεί μια πέτρα και τον ξεγέλασε. Άλλη παραλλαγή του μύθου αναφέρει πως ο Δίας γεννήθηκε στο Παρράσιο όρος της Αρκαδίας, όπου μετά τη γέννησή του η Ρέα τον έδωσε στη νύμφη Νέδα για να τον κρύψει στην Κρήτη.

Στην ελληνική μυθολογία οι Νύμφες Θεισόα, Αγνώ και Νέδα ήταν αυτές που ανέθρεψαν τον Δία όταν αυτός ήταν βρέφος. Κατά την αρκαδική μυθολογική παράδοση, η Ρέα παρέδωσε τον Δία στις τρεις Νύμφες. Αυτές τον μεγάλωσαν μέσα σε ένα σπήλαιο του όρους Λυκαίου. Η κυρίαρχη πάντως παράδοση αναφέρει ότι ο Δίας ανατράφηκε στο Ιδαίο Άντρο, στην Κρήτη, από τους Κουρήτες και την Αμάλθεια.

Όπως βλέπουμε, η μητέρα Γη, η μητέρα Ρέα, αλλά και η μητέρα Δήμητρα που αναζητούσε την Κόρη Περσεφόνη στον Άδη είναι η μεγαλύτερη απόδειξη ότι η μητέρα πάντα αγωνιζόταν και αγωνίζεται για τα παιδιά της. Για το λόγο αυτό γιορτάζεται η μητέρα κάθε χρόνο το μήνα Μάιο και θεωρείται από τις πιο σημαντικές γιορτές για την οικογένεια και όχι μόνο.

Εικόνα με διαθεματική εργασία

(πηγή, www.pixabay.com)

Εξηγήστε τι σημαίνει για εσάς η γιορτή της μητέρας και πώς τη γιορτάζετε στην οικογένειά σας. Στη συνέχεια, να φτιάξετε μία κάρτα για τη συγκεκριμένη μέρα, την οποία θα προσφέρετε στη μητέρα σας.

Προσπαθήστε να βρείτε παραδείγματα αγάπης μιας μητέρας προς τα παιδιά της μέσα από τη μυθολογία, τη θρησκεία, τη λογοτεχνία ή την ιστορία και παρουσιάστε τα αποτελέσματά σας στην τάξη.

Κείμενο

Τα κόκκινα λουστρίνια

Το είχε βάλει από καιρό στο μάτι. Ήταν ένα κομμάτι κόκκινο γυαλιστερό λουστρίνι, καθάριο και αστραφτερό. Ήξερε, βέβαια, πως κόστιζε πολλά, μα κι αυτός είχε κάνει το κουμάντο του από νωρίς. Μάζευε λεφτά κρυφά κι απόκρυφα, χωρίς να φανεί, γιατί φοβόταν πως θα τον κορόιδευαν αν μάθαιναν τι είχε κατά νου να κάνει. Περίμενε τη μέρα που το αφεντικό θα τον έστελνε στον βυρσοδέψη για δέρματα. Του είχε εμπιστοσύνη, βλέπεις, κι όλο αυτόν έστελνε να ψωνίσει, γιατί χώρια που γνώριζε καλά δέρματα και προβιές, έκανε και παζάρια και πάντα πετύχαινε έκπτωση, που 'καναν το αφεντικό να τον κερνάει καφέ. Ως λίγο καιρό πριν, τον κερνούσε γκαζόζα, γιατί τ' αφεντικό δεν το 'χε προσέξει πως ήταν μεγαλωμένος κάπως πια... Τον είδε όμως που κρυφοκάπνιζε μια μέρα κι από τότε το φιλοδώρημα του παζαριού έγινε ο γλυκύς βραστός. Έτσι, τη μέρα της αγοράς, τράβηξε κρυφά τον πάτο του παπουτσιού του κι έβγαλε τα λεφτά. Τα 'σπρωξε βιαστικά στην τσέπη του και, με ύφος αδιάφορο κι ένοχο μαζί, τράβηξε για την αγορά. Το πήρε το λουστρίνι και σε καλή τιμή. Ήταν κομμάτι σπάνιο, ένα κομμάτι απ' τη λαχτάρα της καρδιάς του. Γύρισε όλους τους δρόμους εκείνο το απόγευμα και διάλεξε σχέδιο. Είχε στον νου το τι ζητούσε, βλέπεις, κι απ' την αρχή ξέκοψε τα σχέδια και διάλεξε το πιο αρχοντικό, γιατί αυτό θα ταίριαζε στην περίπτωση. Ζήτησε απ' τ' αφεντικό να δουλέψει μονάχος μερικές μέρες, αφού θα 'κλειναν πια, γιατί, είπε, είχε μαζευτεί δουλειά πολλή. Τα καλαπόδια θέλαν άδειασμα, για να τεντώσουν πάλι τις καινούριες παραγγελιές. Κι όπως πάντα ήτανε φιλότιμος στη δουλειά, τ' αφεντικό δεν έβαλε υποψία.

Δούλευε, λοιπόν, τα καλαπόδια του αφεντικού, να μη φανερωθεί στα μάτια του, και μετά, δούλευε τα λουστρινένια γοβάκια. Το λουστρίνι έπαιρνε να γίνεται γοβάκι. Τ' όνειρό του έπαιρνε να γίνεται αλήθεια. Όταν τέλειωσε, είπε στ' αφεντικό πως είχε κουραστεί πια και δε θα δούλευε νύχτα άλλο. Έκρυψε τα γοβάκια και παραμόνευε την ώρα. Η κόρη του δασκάλου δεν έβγαινε βόλτα ταχτικά. Είχε μάνα αυστηρή και πατέρα σπουδαίο. Όταν έβγαινε όμως, όλοι την κοίταζαν γιατί είχε σγουρά μαλλιά και μάτια μεγάλα. Είχε στητό κορμί και περπατησιά περήφανη. Του 'χε πληγώσει την καρδιά. Η μάνα του πήγαινε κάθε μέρα στο σπίτι του δασκάλου και παραδούλευε, έκανε την καθαριότητα. Τον είχε πάρει κάνα δυο φορές μαζί της, σαν τύχαινε να κουβαλήσει τίποτα πράματα. Τότες την έβλεπε από κοντά και την καμάρωνε. Θάρρος δεν είχανε, μα όσο να πεις, είχανε αλλάξει κουβέντες κάμποσες φορές. Σε μια τέτοια φορά έσκυψε να σηκώσει κάτι που έπεσε κι όσο να μπει και να βγει το κορίτσι, αυτός πρόλαβε και μέτρησε με την παλάμη του το παπούτσι της. Είχε κιόλας, βλέπεις, το σχέδιό του καρφωμένο στο κεφάλι του. Θα της έφτιαχνε ένα ζευγάρι κόκκινα λουστρινένια γοβάκια, που όμοιά τους δε φορεθήκανε ποτέ. Ύστερα θα περίμενε μια γιορτή και, με το μέσον της μάνας του που δούλευε στο σπίτι της, θα πήγαινε να της τα δώσει ο ίδιος. Θα τα έδινε, κι αυτή, δεν μπορεί, θα πηδούσε απ' τη χαρά της. Δεν μπορούσε να γίνει αλλιώς, γιατί τέτοια παπούτσια δε γινόταν να 'χει ξαναβάλει. Η κόρη του δασκάλου θα χαιρότανε για το δώρο του, θα τον συμπαθούσε, κι άμα τον συμπαθούσε, ποιος ξέρει...

Την κρίσιμη μέρα τύλιξε τα παπούτσια, τα πήρε σπίτι και τα 'κρυψε. Ήθελε πρώτα να μιλήσει της μάνας, να τα πούνε οι δυο τους και να τα συμφωνήσουνε.

Για να γίνει αυτό, έπρεπε πρώτα να κοιμηθούνε τ' άλλα παιδιά. Καθίσανε στο τραπέζι. Τα φαγητά έχαναν τη νοστιμιά στο στόμα του. Έκανε υπομονή μέχρι να μαζέψουν το τραπέζι. Είχε στο μυαλό του συνεχώς την κόρη του δασκάλου. Δεν έβλεπε μπροστά του. Όλα τού φαίνονταν σκιές. Σκιά τα κρεβάτια με τ' αδέρφια που μαλώνανε για τα μαξιλάρια. Σκιά ο πατέρας που ρουφούσε ό,τι έμενε στο ποτήρι του. Σκιά η αδερφή του που μάζευε το τραπέζι.

Την κοίταξε πιο προσεχτικά. Πόσο άχρωμη ήταν μπροστά στην άλλη! Τα μαλλιά της δεν έπεφταν σγουρά στους ώμους. Είχε μια πλεξούδα ίσια που τη σφιχτόδενε στον σβέρκο της μ' ένα λαστιχάκι. Δεν περπατούσε καμαρωτά. Η μάνα την είχε μάθει να κοιτάζει το χώμα, έτσι που καλά καλά δεν έβλεπες τι χρώμα είχανε τα μάτια της. Αλήθεια, τι χρώμα να 'χανε τα μάτια της αδερφής του;

Της μίλησε κι αυτή σήκωσε το κεφάλι κι αποκρίθηκε. Τα μάτια της ήταν καφετιά, ίδια με τα μάτια των κοριτσιών όλου του κόσμου, και το φουστάνι της με την ποδιά του μαγειρέματος μπροστά ήτανε ξεθωριασμένο κι αυτό, μα τώρα πρόσεξε πως ήταν ξεθωριασμένο επειδή ήταν παλιό. Η αδερφή… Στα πόδια φορούσε παντόφλες, για να γλιτώνει τα παπούτσια, να τα 'χει για μία γιορτή. Η άλλη θα 'χε οπωσδήποτε πασουμάκια μεταξένια και παπούτσια πολλά. Μα ναι, είχε πολλά κι ένα ζευγάρι παραπάνω που θα της πήγαινε αυτός θα τη γέμιζαν χαρά μονάχα για λίγο, μέχρι να μπουν στο ράφι με τ' άλλα παπούτσια. Θα του 'λεγε σίγουρα ευχαριστώ, μα το ευχαριστώ της θα 'τανε για τα παπούτσια μονάχα κι όχι γι' αυτό τον ίδιο. Σε μια στιγμή κατάλαβε πολλά και σβήστηκε μεμιάς η κόρη του δασκάλου. Έδωσε τα λουστρινένια γοβάκια στην αδελφή. Της άξιζαν. Το 'νιωθε πως της άξιζαν. Χιλιάδες ήλιοι φώτισαν τα καφετιά ματάκια και εκατομμύρια αστέρια μπερδεύτηκαν στην πλεξούδα της. Πουλιά τρελά τραγουδούσαν στ'αυτιά της και η καρδιά της μεθυσμένη χόρευε. Τα κόκκινα γοβάκια φωτίσανε το ξεθωριασμένο φουστάνι κι η αδελφή ένιωσε ν' ανεβαίνει, η ίδια μέσα της, ένα σκαλί πιο πάνω. Το σπίτι άστραψε και γέμισε με το γέλιο της. Το άλλο πρωί πήγε στη δουλειά λίγο πιο ώριμος. Παρήγγειλε γλυκύ βραστό καφέ κι άρχισε να δουλεύει τραγουδώντας.

(Ειρήνη Μάρρα, Τα κόκκινα λουστρίνια, διασκευή)

Ερωτήσεις

1. Να γράψετε με δικά σας λόγια την περίληψη του διηγήματος.

2. Γιατί αποφάσισε ο μικρός τσαγκάρης να χαρίσει τα γοβάκια στην αδερφή του; Ποια ήταν η σχέση μεταξύ τους σύμφωνα με το κείμενο και για ποιο λόγο στο τέλος γύρισε πιο ώριμος στη δουλειά του;

3. Ποια είναι η δική σας σχέση με τα αδέρφια σας και γιατί η αδερφική αγάπη είναι πολύτιμη;

4. Γράψτε ένα διαφορετικό τέλος στο παραπάνω διήγημα.

Παραγωγή λόγου

Το σχολείο σας διοργανώνει μια εκδήλωση αφιερωμένη στην οικογένεια. Συμμετέχετε με ένα άρθρο στην ιστοσελίδα του σχολείου, όπου σε ένα κείμενο 120-150 λέξεων θα παρουσιάσετε τη δική σας οικογένεια και θα αναφερθείτε στους λόγους που είναι ξεχωριστή. Μπορείτε να χρησιμοποιήσετε τις παρακάτω φράσεις που θα σας βοηθήσουν να συντάξετε το κείμενο.

√ Η οικογένειά μου αποτελείται από…..

√ Η μητέρα μου/ο πατέρας μου είναι…. τη μητέρα μου τη διακρίνει ευγένεια, ο πατέρας μου είναι καλοσυνάτος, λίγο αυστηρός, κλπ..

√ Έχω έναν αδερφό/μία αδερφή, έχω δύο, τρία αδέρφια κλπ..

√ Είμαι δεμένη/δεμένος με την οικογένειά μου, κλπ..

√ Με τα αδέρφια μου περνάμε χρόνο μαζί, συμμετέχουμε σε….

√ Υπάρχουν στιγμές όμως που….

Γλωσσικές ασκήσεις

1. Να ενώσετε τα παρακάτω.

θεία/θείος   αυτή/ός που σας βάφτισε

κουμπάρα/ος   οι γονείς του πατέρα σας για τη μητέρα σας

νονά/ός   το παιδί του εγγονιού για τη γιαγιά/τον παππού

δισέγγονο   είστε εσείς για τη γιαγιά και τον παππού

πεθερικά   αυτή/αυτός που πάντρεψε τους γονείς σας

ξαδέρφια   είναι για εσάς τα αδέρφια του πατέρα σας ή της μητέρας σας

ανίψια   είναι η μητέρα της γιαγιάς σας για εσάς

εγγόνια   είστε εσείς για τους θείους σας

προγιαγιά   είστε εσείς και τα παιδιά των θείων σας

2. Να ενώσετε τις προτάσεις μεταξύ τους με τον κατάλληλο σύνδεσμο.

α. Η αγάπη για τον αδερφό του ήταν τόση ………….. (και, ώστε, για να) δεν τον αποχωριζόταν ποτέ.

β. Κάθε καλοκαίρι πήγαινε όλη η οικογένεια στο νησί …………… (αλλά, ενώ, και) περνούσε ευχάριστα.

γ. Με παρακάλεσε ο φίλος μου να πάω για μπάσκετ, …………. (όμως, αν και, αλλά) δεν προλάβαινα ………….. (εφόσον, όταν, γιατί) είχα διάβασμα.

δ. Μου απαγόρευσε η μητέρα μου να τρώω συχνά γλυκά, ………….. (παρόλο που, ενώ, επειδή) ξέρει πως τρελαίνομαι για σοκολάτα.

ε. ……………… (Ενώ, αν και, ωστόσο) τα αγαπημένα μου ξαδέρφια ζουν στην Ελλάδα, ……………… (όμως, ωστόσο, και) έχουμε συχνή επικοινωνία μεταξύ μας.

3. Να χρησιμοποιήσετε το σωστό χρόνο των ρημάτων στο παρακάτω κείμενο.

Μετά το κλείσιμο των σχολείων, ………….. (περιμένω) πάντα με αγωνία και χαρά τα καλοκαίρια μου στο χωριό. Το χωριό μας ………………….. (βρίσκομαι) στη θάλασσα, …………. (είμαι) δηλαδή παραθαλάσσιο. Κάθε χρόνο λοιπόν ………………… (ταξιδεύω) στην Ελλάδα, για να …………………….. (περνάω) δυο μήνες ξένοιαστους με θάλασσα και παιχνίδι. Εκεί …………….. (ζω) όχι μόνο οι συγγενείς μου, αλλά και τα ξαδέρφια μου. Κάθε πρωί λοιπόν, αφού …………… (τρώω) το πρωινό μας, …………………. (πηγαίνω) για μπάνιο. Εκεί ……………… (συναντώ) τους θείους και τα ξαδέρφια μας. Η χαρά μου είναι απερίγραπτη! ……………….. (κάνω) βουτιές, ……………… (χτίζουμε) κάστρα στην άμμο,

.... (συναγωνίζομαι) στο τρέξιμο και άλλα πολλά που δεν μου .... (έρχομαι) στο νου. Αφού .... (επιστρέφω) στο σπίτι το βραδάκι, η μαμά .... (ετοιμάζω) το φαγητό και .... (κάθομαι) όλοι μαζί στο τραπέζι. Μετά λοιπόν την εξαντλητική και συνάμα χαρούμενη και γεμάτη μέρα μου .... (πέφτω) κατάκοπος στο κρεβάτι για να .... (ονειρεύομαι) την επόμενη!

4. Να ξαναγράψετε το κείμενο της άσκησης 3 και να μεταφέρετε τα ρήματα στον Παρατατικό (για την κλίση του Παρατατικού, βλέπε σελ. 145).

....
....
....
....
....
....
....
....
....
....
....
....
....
....
....
....
....

Ενότητα 2: Υγεία πάνω απ΄όλα!

Ραντεβού στο γιατρό

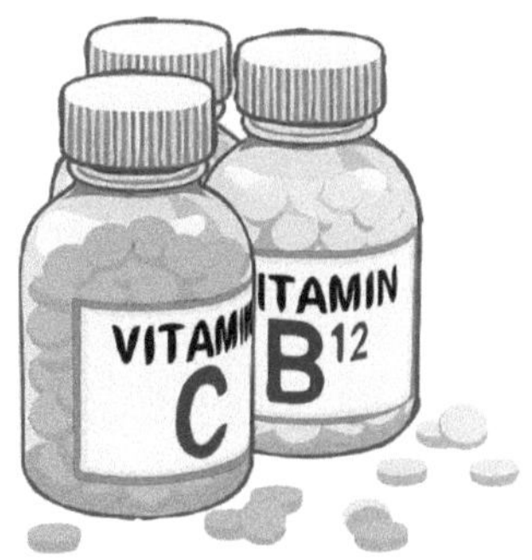

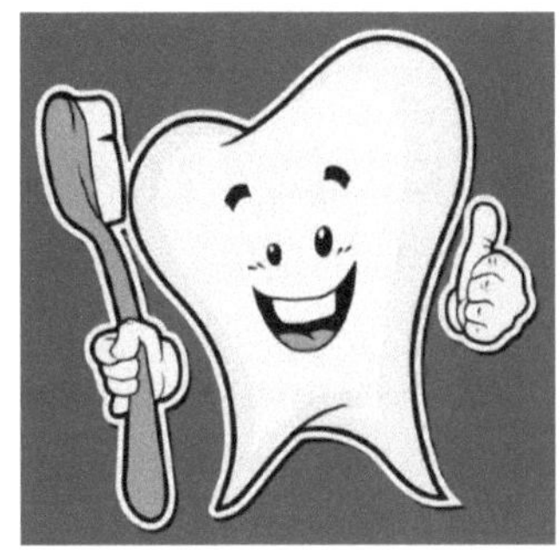

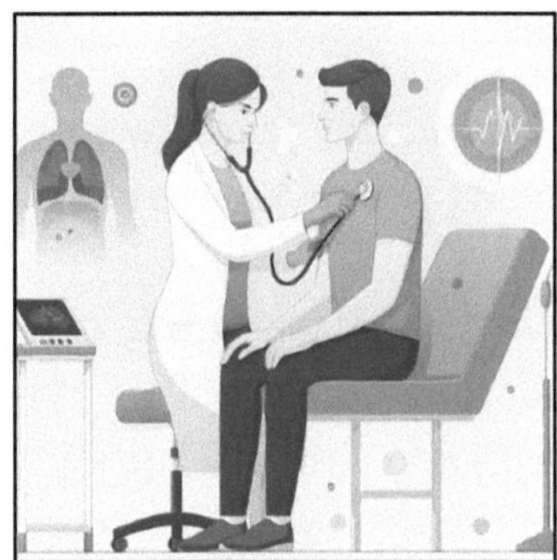

1. Να γράψετε σε μία παράγραφο 60 περίπου λέξεων τι καταλαβαίνετε από τις παραπάνω εικόνες σε σχέση με τους λόγους της επίσκεψης σε έναν/μία γιατρό.

2. Δώστε έναν τίτλο σε κάθε μία εικόνα χωριστά.

Κείμενο

Σήκω να πάμε στο γιατρό!

Η Έλενα και η Μαρίνα είναι φίλες και συγκάτοικοι. Είναι φοιτήτριες και σπουδάζουν Ιατρική. Η Μαρίνα ξύπνησε αδιάθετη και η Έλενα προσπαθεί να την πείσει να πάει στο γιατρό. Ας παρακολουθήσουμε το διάλογο.

Έλενα: Καλημέρα Μαρίνα. Δεν μου φαίνεσαι πολύ καλά σήμερα. Λίγο αδιάθετη σε βλέπω.

Μαρίνα: Καλημέρα. Νιώθω χάλια… δεν μπόρεσα να κλείσω μάτι χθες το βράδυ από τον πονοκέφαλο. Πονάει ο λαιμός μου, νιώθω έντονη αδυναμία...

Έλενα: Βάλε θερμόμετρο σε παρακαλώ να δούμε αν έχεις πυρετό. [.....] 38,2! Έχεις πυρετό. Ντύσου να πάμε στο γιατρό, γιατί μπορεί να έχεις γρίπη ή κάποια άλλη ίωση. Να προλάβουμε τουλάχιστον μη χειροτερέψεις.

Μαρίνα: Δεν πάω στο γιατρό. Θα πάρω ένα παυσίπονο, θα πιω και ένα τσάι και θα μου περάσει. Πώς κάνεις έτσι;

Έλενα: Πρέπει να πας στο γιατρό, γιατί, αν τυχόν επιδεινωθεί η κατάστασή σου, μπορεί να πάθεις πνευμονία. Εξάλλου, σκέψου ότι ίσως έχεις κάποια ίωση που είναι κολλητική… και δε θέλω να κολλήσω!

Μαρίνα: Θα μου γράψει να πάρω ένα σωρό φάρμακα! Αντιβίωση, σιρόπι, παυσίπονα… άσε καλύτερα.

Έλενα: Είσαι πολύ ξεροκέφαλη! Σήκω να πάμε, γιατί αλλιώς θα σε πάω με το ζόρι!

(επιμέλεια κειμένου, Σ. Δημοπούλου)

Άσκηση

Συνεχίστε εσείς γραπτώς το διάλογο γιατρού και Μαρίνας, αφού έφτασε με τη φίλη της Έλενα στο ιατρείο. Βοηθητικά σας δίνεται το παρακάτω λεξιλόγιο, το οποίο μπορείτε να χρησιμοποιήσετε:

- πώς νιώθεις;	- τι συμπτώματα έχεις;
- έχεις πονοκέφαλο ή πονόλαιμο;	- έχεις αδυναμία ή ατονία;
- σου κόπηκε η όρεξη;	- θα σου γράψω μία συνταγή
- χρειάζεσαι ξεκούραση	- να πίνεις πολλά υγρά

Άσκηση

Να ενώσετε την αριστερή με τη δεξιά στήλη.

οφθαλμίατρος	εξετάζει τα αυτιά και τη μύτη
παθολόγος	ειδικός για μωρά και παιδιά
οδοντίατρος	ειδικός για καρδιακές ασθένειες
ωτορινολαρυγγολόγος	ειδικός για παθήσεις του δέρματος
παιδίατρος	εξετάζει τα μάτια μας
καρδιολόγος	ειδικός για γενικές ασθένειες
δερματολόγος	πάμε όταν πονάει το δόντι μας

Κείμενο

Παιδί και ήλιος

Η καλοκαιρινή εικόνα με μικρά παιδάκια να παίζουν ανέμελα στην παραλία κάτω από τον καυτό ήλιο χωρίς καπέλο και αντηλιακό ανήκει πια στο παρελθόν.

Ο ζωοδότης ήλιος δεν είναι ακίνδυνος όσο ήταν πριν πενήντα χρόνια, αφού με την μείωση του όζοντος της στρατόσφαιρας οι βλαβερές UVA και UVB ακτίνες του ήλιου περνούν χωρίς ασφάλεια και προκαλούν σοβαρές βλάβες στα κύτταρα της επιδερμίδας.

Για να προστατεύσουμε τα παιδιά από τον ήλιο και τις επιβλαβείς ακτίνες του πρέπει να ακολουθήσουμε τους εξής κανόνες:

1. Σε κάθε έξοδο το παιδί πρέπει να φορά καπέλο με γείσο και γυαλιά με υψηλή απορροφητικότητα. Εάν το παιδί μεταφέρεται με καρότσι, αυτό θα πρέπει να είναι εφοδιασμένο με ειδική τέντα.

2. Οι ιδανικότερες ώρες για έξοδο τους καλοκαιρινούς μήνες είναι το πρωί έως τις 11 και το απόγευμα μετά τις 4 η ώρα.

3. Μισή ώρα πριν από την έκθεση στον ήλιο πρέπει να εφαρμόζουμε το αντηλιακό σε όλο το σώμα σε ικανοποιητική στρώση. Το αντηλιακό πρέπει να το ανανεώνουμε περίπου κάθε δύο ώρες. Αν το δέρμα του παιδιού βραχεί ή αν ιδρώσει, πρέπει να επαναλάβουμε την εφαρμογή του αντηλιακού.

4. Στην παραλία εκτός από το αντηλιακό καλλυντικό μπορούμε να φορέσουμε στο παιδί ειδικό αντηλιακό μπλουζάκι, του οποίου ο δείκτης προστασίας μπορεί να φτάσει έως 40. Τα απλά βαμβακερά μπλουζάκια δεν προστατεύουν επαρκώς από τον ήλιο ιδιαίτερα εάν βραχούν.

5. Για την ειδική ομάδα των βρεφών που είναι μικρότερα από τους 6 μήνες πρέπει να είμαστε ιδιαίτερα προσεχτικοί. Απαγορεύεται σε τόσο μικρά βρέφη να εκθέτονται στον ήλιο και αν χρειαστεί να είναι μαζί μας σε κάποια παραλία πρέπει να προστατεύονται με καπέλο και αντηλιακό με πολύ υψηλό δείκτη προστασίας (μεγαλύτερο από 30) ειδικό για την ηλικία τους, δηλαδή με φυσικά φίλτρα και κυρίως να βρίσκονται κάτω από παχιά σκιά και όχι απλώς στην παραλία κάτω από μια ομπρέλα. Ο καυτός ήλιος αντανακλά στην άμμο, στα κύματα, στις πέτρες οπότε μπορεί να προκαλέσει ηλιακά εγκαύματα ακόμη και κάτω από την ομπρέλα.

(Πηγή, www. iatropedia.gr)

Ερωτήσεις

1. Σημειώστε με **Σωστό** ή **Λάθος** τα παρακάτω σύμφωνα με το κείμενο που διαβάσατε.

α. Μπορεί το παιδί να παίζει άφοβα στην παραλία χωρίς καπέλο και αντηλιακό

β. Καλό είναι το παιδί να φορά ένα οποιοδήποτε καπέλο όταν βγαίνει έξω

γ. Μισή ώρα πριν από την έκθεση στον ήλιο βάζουμε αντηλιακό

δ. Το αντηλιακό μας πρέπει να έχει τουλάχιστον 40 δείκτη προστασίας

ε. Το παιδί μπορεί να μείνει στον ήλιο με βρεγμένη μπλούζα

στ. Δεν επιτρέπεται να βγαίνουν στον ήλιο τα μωρά.

ζ. Ο ήλιος είναι επικίνδυνος ακόμη και κάτω από την ομπρέλα για τα μωρά

η. Όταν είμαστε μέσα στη θάλασσα ο ήλιος είναι ακίνδυνος

√ **Πώς χρησιμοποιώ τις παρακάτω φράσεις;**

Απαγορεύεται να βγαίνεις στον ήλιο χωρίς προστασία!

Δεν επιτρέπεται να βγαίνεις στον ήλιο χωρίς προστασία.

Να μη βγαίνεις στον ήλιο χωρίς προστασία.

Μη βγαίνεις στον ήλιο χωρίς προστασία!

* Τα **μη(ν)** και **να μη(ν)** παίρνουν ή χάνουν το τελικό **-ν**, αναλόγως με το γράμμα που ξεκινά η επόμενη λέξη (βλέπε τον κανόνα στη σελ. 145).

Άσκηση

Να γράψετε 10 προτάσεις που να αρχίζουν με τις παραπάνω φράσεις και φανερώνουν προσταγή, συμβουλή ή αποτροπή.

Προσταγή → όταν προστάζουμε, π.χ. Απαγορεύεται (ή δεν επιτρέπεται) να βγεις από την αυλή του σχολείου!

Συμβουλή → όταν δίνουμε μια συμβουλή, π.χ. Να μη φάτε βαριά σας παρακαλώ, γιατί θα σας πονέσει το στομάχι.

Αποτροπή → όταν προσπαθούμε να εμποδίσουμε να συμβεί κάτι κακό, π.χ. Μην το κάνεις, γιατί υπάρχει κίνδυνος να τιμωρηθείς.

Προτροπή → όταν παρακινούμε κάποιον να κάνει κάτι, π.χ. ας μην απογοητευόμαστε με την πρώτη δυσκολία.

Κείμενο

Σχολείο και ατυχήματα

Οι μαθήτριες και μαθητές της ΣΤ τάξης του 18ου Δημοτικού Σχολείου Ευόσμου και με αφορμή το μάθημα της γλώσσας σχετικά με τα ατυχήματα σε παιδιά, κάνανε μια μικρή έρευνα γύρω από τα ατυχήματα που συμβαίνουν στο σχολείο και την παρουσιάζουν στο παρακάτω κείμενο.

Τα ατυχήματα είναι δυνατόν να συμβούν σε διάφορα σημεία του σχολικού χώρου και σε διαφορετικές χρονικές στιγμές. Τα περισσότερα οφείλονται, είτε επειδή τα παιδιά δεν προσέχουν την ώρα του διαλείμματος, είτε επειδή όλα μαζί συμμετέχουν σε διάφορες δραστηριότητες, με αποτέλεσμα να σπρώχνονται και να προκαλούνται ατυχήματα. Επίσης, οι χώροι των ατυχημάτων ποικίλουν. Ατυχήματα μπορούν να συμβούν είτε σε εξωτερικούς χώρους, π.χ. προαύλιο, είτε σε εσωτερικούς, π.χ. αίθουσα διδασκαλίας .

Στο προαύλιο τα ατυχήματα συμβαίνουν κυρίως τις ώρες του διαλείμματος. Παίζοντας παιχνίδια, όπως κυνηγητό, τα παιδιά συγκρούονται μεταξύ τους ή σκοντάφτουν, γιατί δεν δίνουν την απαραίτητη προσοχή. Τα προβλήματα γίνονται έντονα κατά την διάρκεια έντονων καιρικών φαινομένων, όπως βροχή, χιόνι, παγωνιά. Ένας ακόμη λόγος ατυχημάτων στο προαύλιο, είναι όταν τα παιδιά πετάνε σκουπίδια από συσκευασίες και περιτυλίγματα τροφίμων, τα οποία τα πατούν και γλιστρούν ενώ τρέχουν.

Αρκετά από τα ατυχήματα συμβαίνουν στις εσωτερικές και τις εξωτερικές σκάλες του σχολείου. Αυτά παρατηρούνται κυρίως, όταν τα παιδιά βγαίνουν διάλειμμα και τρέχουν γρήγορα κατεβαίνοντας τις σκάλες, παρασύροντας έτσι τα μικρότερα, σπρώχνοντάς τα. Πολλά παιδιά βλέπουν ως παιχνίδι το κατέβασμα της σκάλας, κάνοντας τσουλήθρα ή πηδώντας τα σκαλοπάτια.

Τα λιγότερα ατυχήματα συμβαίνουν μέσα στην τάξη και το διάστημα πριν αρχίσει το μάθημα. Πριν από την προσέλευση του δασκάλου, οι μαθήτριες και μαθητές τρέχουν ανάμεσα στα θρανία και τις καρέκλες και πολλές φορές σκοντάφτουν σε αυτά. Επίσης, το παιχνίδι της καρέκλας είναι καθημερινό φαινόμενο, κυρίως σε παιδιά μικρής ηλικίας, γιατί δεν μπορούν να κάτσουν χωρίς να κουνιούνται στην καρέκλα τους για αρκετή ώρα.

Οι συνέπειες των ατυχημάτων αυτών είναι κατάγματα, στραμπουλήγματα χεριών και ποδιών, χτυπήματα στο κεφάλι. Πολλά από αυτά είναι πολύ σοβαρά και αντιμετωπίζονται ή με τη μεταφορά των παιδιών σε κάποιο νοσοκομείο ή με φροντίδα στο σχολείο. Για την αποφυγή τέτοιων περιστατικών, γονείς και εκπαιδευτικοί, θα πρέπει καθημερινά να συμβουλεύουν τις μαθήτριες και τους μαθητές, ώστε να είναι προσεκτικοί στους χώρους του σχολείου, αλλά και να γίνει πιο ασφαλής ο χώρος του σχολείου.

(κείμενο διασκευασμένο, www.schoolpress.sch.gr)

Ερωτήσεις

1. Να ενημερώσεις προφορικά τις συμμαθήτριες και συμμαθητές σου για το περιεχόμενο του παραπάνω κειμένου (προφορική περίληψη).

2. Να γράψετε σε δύο στήλες με λέξεις κλειδιά τα παρακάτω: α) τι είδους ατυχήματα συμβαίνουν στο σχολείο, και β) ποιες οι συνέπειες των ατυχημάτων.

3. Για τις παρακάτω λέξεις ή φράσεις να γράψετε και από μία αντίθετη: περισσότερα, εξωτερικούς, απαραίτητη, γρήγορα, καθημερινό φαινόμενο, προσεκτικοί, ασφαλής.

4. Να μεταφέρετε τα παρακάτω ουσιαστικά ή ονοματικά σύνολα στην ίδια πτώση του άλλου αριθμού: των ατυχημάτων, τις ώρες του διαλείμματος, στην τάξη, καθημερινό φαινόμενο, τις εξωτερικές σκάλες, αίθουσα, γονείς και εκπαιδευτικοί.

5. Τα περισσότερα οφείλονται, **είτε** επειδή….., **είτε** επειδή….., αντιμετωπίζονται **ή** με τη μεταφορά…..**ή** με φροντίδα….: οι παραπάνω σύνδεσμοι χωρίζουν την πρόταση σε δύο μέρη και διαχωρίζουν κάτι ή εκφράζουν αντίθεση (ούτε ούτε).

Παραδείγματα

α) Θα πάμε στο γιατρό **είτε** το θέλεις **είτε** όχι.

β) Αφού δε νιώθεις καλά, σήκω να πάμε **ή** σε έναν γιατρό **ή** στο νοσοκομείο.

γ) Δε θέλω να πάω **ούτε** σε γιατρό **ούτε** στο νοσοκομείο.

Γράψτε από τρία παραδείγματα για την κάθε μία σύνδεση χωριστά.

Χωρίς λόγια….. (προσθέστε τίτλο στα ατυχήματα)

Γλωσσικές ασκήσεις

1. Να σχηματίσετε σύνθετες λέξεις με πρώτο συνθετικό τα παρακάτω μόρια.

ξε-	**ανα-**	**α-, αν-**
βάφω	ζητώ	γνωστός
πλένω	γνωρίζω	ικανός
φορτώνω	σηκώνω	βέβαιος

2. Να σχηματίσετε σύνθετες λέξεις με τα παρακάτω (προθέσεις και μόρια), συνδέοντάς τα με τις λέξεις στην παρένθεση. Στη συνέχεια να γράψετε προτάσεις που να δηλώνουν τη σημασία τους.

α. **μετά**   (φέρω, τρέπω, κινώ)

β. **από**   (φεύγω, θήκη, καλύπτω)

γ. **παρά**   (καλώ, μιλώ, μένω)

δ. **ευ-**   (τύχη, χαρά, αίσθηση)

ε. **δυσ-**   (αρέσω, τύχη, πιστός)

στ. **τηλε-**   (όραση, φωνή, παιχνίδι)

ζ. **επι**   (θέση, κοινωνία, μένω)

3. Να ξαναγράψετε τις παρακάτω προτάσεις με τις αντίθετες λέξεις στις αντίστοιχες με τα έντονα γράμματα.

α. Η Στέλλα κάθε βράδυ **ντύνεται** και **βάφεται**.

β. Ο εργάτης **φορτώνει** κάθε πρωί το φορτηγό του.

γ. Ο Πέτρος μου φαίνεται **γνωστός**.

δ. Το φαγητό είναι **αλμυρό**.

ε. Η μέρα μου ήταν σήμερα πολύ **κουραστική**.

στ. Το μέλλον της στη δουλειά είναι **βέβαιο**.

ζ. Είναι πολύ **ώριμη** για την ηλικία της.

η. Είναι πολύ **προσεκτικό** και **ήσυχο** παιδί.

θ. Είναι ο πιο **κατάλληλος** για τη θέση του διευθυντή.

ι. Είναι πολύ **υπεύθυνο** άτομο.

4. Να γράψετε τα σύνθετα μέρη των παρακάτω λέξεων (π.χ. παιδίατρος = παιδί + γιατρεύω, γιατρός).

α. οδοντίατρος

β. αθλίατρος

γ. νευρολόγος   ζ. κτηνίατρος

δ. ωτορινολαρυγγολόγος   η. ψυχολόγος

ε. ψυχίατρος   στ. οφθαλμίατρος

5. Να επιλέξετε τη λέξη που ταιριάζει στα κενά των προτάσεων.

α. Κάθε χρόνο γίνονται ……………………….. στους δρόμους (συγκρούσεις, ατυχήματα, παραβιάσεις).

β. Όταν έχουμε πυρετό και πονάει ο λαιμός μας πάμε στον ………………….. (οφθαλμίατρο, οδοντίατρο, παθολόγο).

γ. Στις υψηλές θερμοκρασίες ………………………… να φοράμε καπέλο και αντηλιακό (φροντίζουμε, αποφεύγουμε, θέλουμε).

δ. Είχα έναν φοβερό …………………….. και έκλεισα αμέσως ραντεβού στον οδοντίατρο (πονοκέφαλο, πονόδοντο, στομαχόπονο).

ε. Όταν κάνουμε ποδήλατο, πρέπει να φοράμε πάντα …………………….. (κράνος, ζώνη, παντελόνι).

στ. Ένιωσε μια έντονη αδιαθεσία και κάλεσε αμέσως …………………… (νοσοκομείο, ιατρείο, ασθενοφόρο).

ζ. Όταν οδηγάμε, πρέπει να αποφεύγουμε …………………………… (να τρώμε βαριά, να πίνουμε αλκοόλ, να διψάμε).

η. Δεν πάμε για κολύμπι ……………….(φαγωμένοι, διψασμένοι, νυσταγμένοι).

Ενότητα 3: Τι επάγγελμα μου ταιριάζει;

Γνωρίζετε το επάγγελμα;

Βρείτε το επάγγελμα στα παρακάτω και συνδέστε την αριστερή με τη δεξιά στήλη.

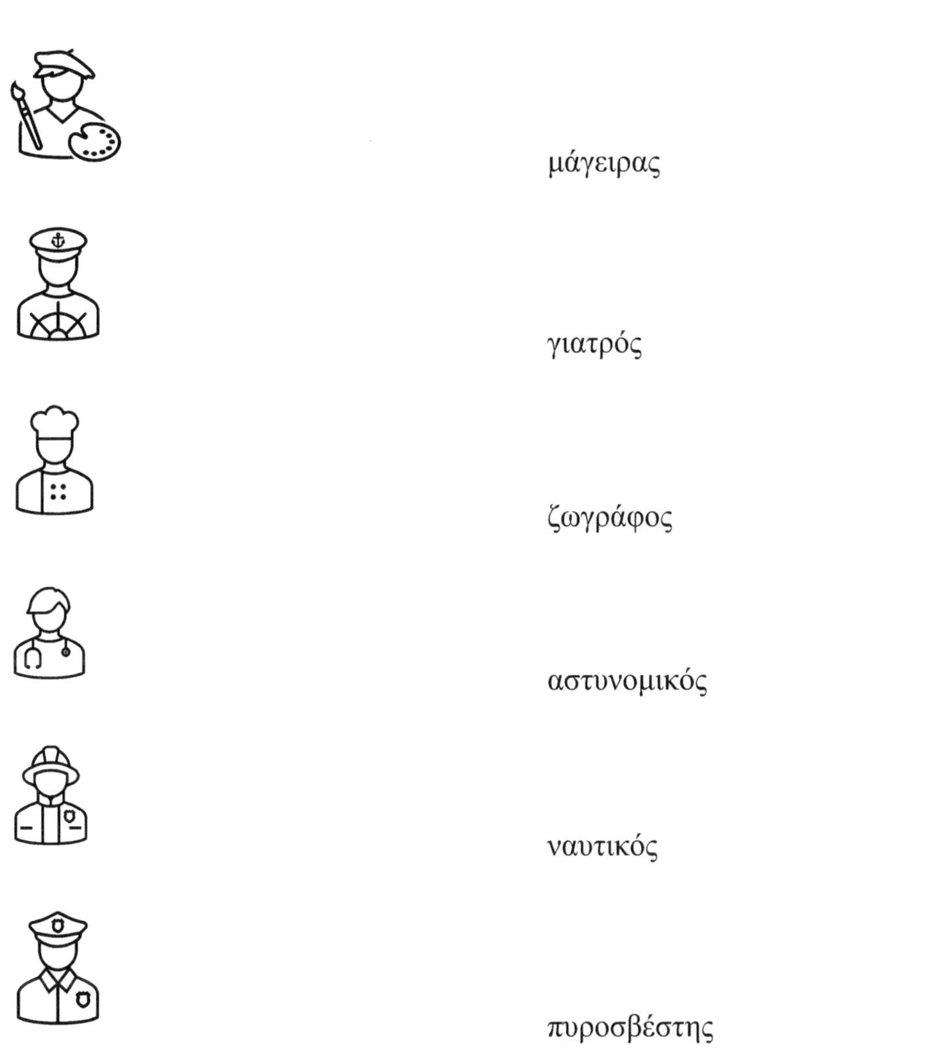

μάγειρας

γιατρός

ζωγράφος

αστυνομικός

ναυτικός

πυροσβέστης

Κείμενο

Θα ήθελα να γίνω……….

Στο σχολείο μας σήμερα και συγκεκριμένα στο μάθημα της γλώσσας, θέμα συζήτησης ήταν το επάγγελμα. Ο καθένας από εμάς είπε τη γνώμη του για το τι του αρέσει και τι όχι. Ας παρακολουθήσουμε τη συζήτηση.

Δασκάλα: Το σημερινό μας θέμα στη γλώσσα είναι το επάγγελμα. Θα ήθελα να ρωτήσω ποιοι από σας ξέρουν τι σημαίνει η λέξη.

Στέφανος: Επάγγελμα είναι να δουλεύουμε εκεί που μας αρέσει και να κερδίζουμε χρήματα.

Σοφία: Εγώ **πιστεύω** πως είναι βασικό να μαθαίνεις κάτι που αγαπάς και μετά να ασχολείσαι με αυτό.

Πέτρος: Εγώ πάλι **είμαι της γνώμης** ότι το επάγγελμα πολλές φορές αναγκαζόμαστε να το ασκήσουμε, γιατί δεν έχουμε άλλη επιλογή.

Δασκάλα: Θέλεις να μας **εξηγήσεις** Πέτρο τι εννοείς με αυτό που λες;

Πέτρος: Βεβαίως. Ο πατέρας μου για παράδειγμα, δεν ήθελε ποτέ του να γίνει δικηγόρος. Του αρέσει να ζωγραφίζει και έχει ταλέντο σε αυτό. Ο πατέρας του και παππούς μου ήταν δικηγόρος με δικό του γραφείο και έτσι έγινε και ο ίδιος, για να έχει βασικά ένα καλό εισόδημα.

Αλίκη: **Η δική μου άποψη** είναι ότι καλό είναι να επιλέγεις ένα επάγγελμα αναλόγως με τα ενδιαφέροντά σου. Εμένα μου αρέσουν πολύ τα Μαθηματικά και σκέφτομαι να ακολουθήσω κάτι που έχει σχέση με αυτά.

Δασκάλα: Εσείς παιδιά; Τι σκέφτεστε να ακολουθήσετε στο μέλλον;

Στέλιος: Εγώ θα ήθελα να γίνω πυροσβέστης, γιατί μου αρέσει να σώζω ζωές και γενικά να βοηθώ τον συνάνθρωπο.

Εριέτα: Εμένα μου αρέσει πολύ το επάγγελμα της αεροσυνοδού. Τρελαίνομαι για ταξίδια και επίσης μου αρέσει να βρίσκομαι ανάμεσα σε κόσμο, να είμαι πάντα ωραία ντυμένη….

Δημήτρης: Εγώ θα ακολουθήσω το επάγγελμα του πατέρα μου. Είναι ηλεκτρολόγος και έχει δική του επιχείρηση με καλή πελατεία. Γιατί να ψάχνω κάτι αβέβαιο; Καλύτερα μια σίγουρη δουλειά!

Ζήσης: Η Πληροφορική και οι υπολογιστές είναι το μέλλον παιδιά. Εκεί μπορεί κάποιος να ασχοληθεί με πολλά και ωραία πράγματα.

Ματίνα: Εγώ πάντως θα γίνω δασκάλα. Σίγουρη δουλειά με αρκετές διακοπές .

Δασκάλα: Συμφωνώ εν μέρει Ματίνα μου. Είναι όμως κουραστική δουλειά και με πολλές ευθύνες.

Ανέστης: Εγώ θα γίνω κωμικός ηθοποιός! Μου αρέσει πολύ να διασκεδάζω τον κόσμο και νομίζω πως έχω και ταλέντο .

Δασκάλα: Όσο γι' αυτό Ανέστη, **νομίζω πως** θα συμφωνήσουμε όλοι!! Όποιο επάγγελμα και να επιλέξετε παιδιά, να το σέβεστε και να το αγαπάτε, γιατί αυτό σας εξασφαλίζει μια καλή ζωή. Θα συνεχίσουμε όμως την επόμενη εβδομάδα την πολύ ενδιαφέρουσα συζήτησή μας, γιατί χτύπησε το κουδούνι για διάλειμμα .

(επιμέλεια κειμένου, Σ. Δημοπούλου)

Ερωτήσεις

1. Ποιο είναι το θέμα συζήτησης μέσα στην τάξη και ποιες οι απόψεις των παιδιών; Να μετατρέψετε το διάλογο σε κείμενο.

2. Εσείς με ποια άποψη σχετικά με την επιλογή επαγγέλματος συμφωνείτε και γιατί;

3. Να χρησιμοποιήσετε τις λέξεις και φράσεις με τα έντονα γράμματα και να γράψετε προτάσεις.

Εργασία

(pixabay.com)

Το επάγγελμά μου είναι φουρνάρισσα. Το επέλεξα, γιατί μου αρέσει να δουλεύω με τα χέρια μου και να δίνω χαρά με τις δημιουργίες μου. Κάθε μέρα ξυπνάω στις 3 τα ξημερώματα και πηγαίνω στο φούρνο μου, γιατί πρέπει να ζυμώσω, ώστε μόλις ανοίξει στις 6 να έχει φρέσκο ψωμί. Πουλάω ψωμί και ψωμάκια κάθε είδους! Άσπρο, ολικής, με σουσάμι, πολύσπορο… Όμως δεν είναι μόνο το ψωμί που πουλάω, αλλά και πολλά άλλα πράγματα που αρέσουν στις πελάτισσες και τους πελάτες μου. Ψήνω κουλουράκια, πολλών ειδών πίτες, κουλούρια με σουσάμι, τσουρέκια, γλυκίσματα και κάθε λογής λιχουδιές με ζυμάρι. Γύρω στις 14.00 το μεσημέρι ο φούρνος μου κλείνει και πηγαίνω επιτέλους να ξεκουραστώ χαρούμενη από μια άλλη γεμάτη μέρα. Μην ξεχνάτε πως πρέπει να ξυπνήσω πολύ πρωί!

* Σημειώστε παρακάτω τις εργασίες που έχει να κάνει η φουρνάρισσα και ξαναγράψτε την αφήγησή της από τη δική σας ματιά. Μπορείτε να χρησιμοποιήσετε και λέξεις που δεν υπάρχουν στο κείμενο.

....
....
....
....
....
....
....
....
....
....
....
....
....
....
....

√ Με βάση την παραπάνω άσκηση, περιγράψτε και εσείς με ανάλογο τρόπο ένα επάγγελμα και τα χαρακτηριστικά του. Χρησιμοποιήστε λέξεις κατάλληλες που να το περιγράφουν με λεπτομέρεια.

Άσκηση

Να συμπληρώσετε τα κενά με τις λέξεις που υπάρχουν στην παρένθεση. Οι λέξεις πρέπει να μπουν στο σωστό αριθμό και πτώση.

(ασθενής, κομμωτήριο, πιλότος, τράπεζα, νοσοκόμα, ιατρείο, αστυνομικός, εργάτης, εργοστάσιο, πωλήτρια, κατάστημα, θέατρο, υπάλληλος, ηθοποιός)

α. Οι ………………………….. φροντίζουν για την ασφάλεια μιας πόλης.

β. Στα …………………………. απασχολούνται …………………….., οι οποίοι χειρίζονται διάφορα μηχανήματα.

γ. Στο …………………….. του γιατρού Αναστασιάδη, εργάζονται και ………………………… που φροντίζουν τους …………………………

δ. Τα μαλλιά μου χρειάζονται περιποίηση! Πρέπει οπωσδήποτε να κλείσω ραντεβού στο …………………………….. της Αλέκας.

ε. Σήμερα έπρεπε να πάω στην …………………….. για ένα δάνειο και ευτυχώς τελείωσα γρήγορα χάρις στον εξυπηρετικότατο ………………………

στ. Παρόλη την κακοκαιρία, ο έμπειρος ……………………….. προσγείωσε με ασφάλεια το αεροπλάνο.

ζ. Η διάσημη ……………………….. του …………………….. έδωσε συνέντευξη σε γνωστό περιοδικό και μίλησε για όλα!

η. Οι ……………………….. που εργάζονται στη γνωστή αλυσίδα …………………………., είναι πολύ ευγενικές και εξυπηρετικές.

Κείμενο

Ψάχνοντας για δουλειά……

Ο Στέλιος και ο Νικόλας εργάζονται στη γαστρονομία. Ο Στέλιος είναι μάγειρας και ο Νικόλας σερβιτόρος. Το μαγαζί στο οποίο εργάζονταν, δυστυχώς έκλεισε και έμειναν άνεργοι. Έτσι, άρχισαν να αναζητούν εργασία μέσα από αγγελίες που δημοσιεύονται στο διαδίκτυο.

- Στέλιος: Νικόλα καλημέρα. Έριξες καμιά ματιά στις σημερινές αγγελίες; Βρήκες κάποια που να μας ενδιαφέρει;

- Νικόλας: Βρήκα τρεις ενδιαφέρουσες αγγελίες. Μισό λεπτό να σου τις στείλω.

Ζητείται προσωπικό για εστιατόριο πολυτελείας

Το γνωστό εστιατόριο **Νησίδα** αναζητά δύο μάγειρες και έναν σερβιτόρο για το νέο κατάστημα στα Χανιά. Απαραίτητη η προϋπηρεσία σε ανάλογα εστιατόρια, καθώς και γνώσεις της διεθνούς κουζίνας. Επιπρόσθετα προσόντα όπως ξένες γλώσσες για το σέρβις, θα εκτιμηθούν. Οι ενδιαφερόμενοι μπορούν να αποστείλουν το βιογραφικό τους στην ηλεκτρονική μας διεύθυνση.

- Στέλιος: Πολύ καλή περίπτωση, μόνο που υπάρχει ένα πρόβλημα. Εγώ δεν είμαι γνώστης της διεθνούς κουζίνας. Μόνο της ελληνικής.

- Νικόλας: Έχεις δίκιο. Δεν μου πέρασε απ' το μυαλό. Και εγώ δε θέλω να πάω χωρίς εσένα. Για διάβασε αυτή την αγγελία. Νομίζω πως είναι πιο κατάλληλη για μας.

Εργασία πέντε αστέρων!

Τα ξενοδοχειακά συγκροτήματα **Ακρογιαλιά** αναζητούν προσωπικό (μπαρ, σέρβις, κουζίνα) για τα νησιά της Ρόδου και Κέρκυρας. Οκτάωρη απασχόληση με ένα ρεπό και καλές αποδοχές. Απαραίτητη η γνώση αγγλικών για το μπαρ και σέρβις. Εξασφαλισμένη διαμονή. Αποστολή βιογραφικών μέχρι τις 15 Μαρτίου στην ηλεκτρονική μας διεύθυνση.

- Στέλιος: Αυτή είναι πράγματι πολύ καλή περίπτωση και για τους δυο μας. Μπορούμε να στείλουμε το βιογραφικό μας αύριο κιόλας! Εμένα δε με ενδιαφέρει σε ποιο νησί θα δουλέψω, αρκεί να δουλέψω!

- Νικόλας: Συμφωνώ μαζί σου. Η ουσία είναι να εργαστούμε. Δε θέλεις να δεις και την τρίτη αγγελία;

- Στέλιος: Όχι. Αυτή η περίπτωση με τα ξενοδοχεία είναι πολύ καλή ευκαιρία. Ετοιμάζω το βιογραφικό μου.

- Νικόλας: Κι εγώ!

(επιμέλεια κειμένου, Σ. Δημοπούλου)

Εργασία

Προσπαθήστε να γράψετε το διάλογο σαν ένα κείμενο ενιαίο με όλες τις πληροφορίες που σας δίνονται. Μπορείτε να χρησιμοποιήσετε τις παρακάτω προτάσεις για να ξεκινήσετε:

- Ο Νικόλας και ο Στέλιος συζητούν….
- Στη συζήτησή τους ο Νικόλας και ο Στέλιος…
- Μετά το κλείσιμο της επιχείρησης στην οποία εργάζονταν ο Νικόλας και ο Στέλιος, οι δυο φίλοι συζητούν….

Βιογραφικό σημείωμα

Στην αναζήτηση εργασίας απαραίτητο είναι να στέλνουμε το βιογραφικό μας, στο οποίο γράφουμε όχι μόνο τα προσωπικά μας στοιχεία, αλλά και τις γνώσεις και δεξιότητές μας. Ας διαβάσουμε το βιογραφικό του Στέλιου.

<u>Προσωπικά στοιχεία</u>

Όνομα: Στυλιανός
Επίθετο: Παπαντωνίου
Ημερομηνία γέννησης:
05. 05. 1995
Τόπος κατοικίας: Αθήνα
Διεύθυνση: Πετρουπόλεως 10, Αθήνα
Οικογενειακή κατάσταση:
Ανύπαντρος

<u>Σπουδές</u>

- Απόφοιτος Λυκείου
- Απόφοιτος σχολής τουριστικών επαγγελμάτων
- Απόφοιτος ανωτέρας σχολής μαγειρικής

<u>Προϋπηρεσία</u>

- 6 χρόνια μάγειρας στο εστιατόριο **Άγκυρα** στην Κρήτη

<u>Ξένες γλώσσες</u>

Αγγλικά: καλό επίπεδο
Γερμανικά: ικανοποιητικό επίπεδο

Εργασία

Να γράψετε το βιογραφικό του Νικόλα, σύμφωνα με το αντίστοιχο του Στυλιανού.

Άσκηση

Ενώστε τα επαγγέλματα με το χώρο στον οποίο ασκούνται και στη συνέχεια με τα ζευγάρια αυτά γράψτε προτάσεις.

αεροσυνοδός	τηλεόραση
ηθοποιός	εκδρομές/ταξίδια
μάγειρας	κομμωτήριο
τηλεπαρουσιαστής	αεροδρόμιο
ξεναγός	ζαχαροπλαστείο
κτηνοτρόφος	σχολείο
οδοκαθαριστής	θέατρο
κομμώτρια	εστιατόριο
επιστήμονας	δρόμοι
δάσκαλος	στάνη/φάρμα
ζαχαροπλάστης	πανεπιστήμιο/εργαστήριο

Γλωσσικές ασκήσεις

1. Να επιλέξετε το σωστό τύπο του θηλυκού γένους των παρακάτω ουσιαστικών που σχετίζονται με το επάγγελμα, χωρίς να τον αλλάξετε. Προσοχή! Σε κάποιες προτάσεις είναι όλοι οι τύποι σωστοί.

α. Η κυρία Αρετή ήταν η πιο ευγενική ………………… (μανάβης, μανάβισσα) της γειτονιάς.

β. Η διάσημη ………………… (δικηγόρισσα, δικηγόρος) κέρδισε την πιο σημαντική της υπόθεση.

γ. Θυμάμαι ακόμη με νοσταλγία την αγαπημένη μου …………………………… (καθηγήτρια, καθηγητής) των Αγγλικών στο σχολείο.

δ. Η πιο γνωστή ………………………… (μαθηματικίνα, μαθηματικός) της Αρχαιότητας ήταν η Υπατία.

ε. Χθες το βράδυ είχα πυρετό και με πήγε σήμερα η μαμά μου στην οικογενειακή μας………………………… (γιατρό, γιατρίνα).

στ. Όταν θέλω να αγοράσω κάποιο βιβλίο, πηγαίνω πάντα στην κυρία Αλεξάνδρα, την ………………………. (βιβλιοπώλισσα, βιβλιοπώλη) κοντά στο σπίτι μας.

ζ. Στις επόμενες εκλογές η κυρία Σταματοπούλου θα βγει σίγουρα ………………………. (βουλευτής, βουλευτίνα, βουλεύτρια).

η. Η ………………………. (προεδρίνα, πρόεδρος) του χωριού μοίρασε δώρα σε όλα τα παιδιά με την έναρξη του σχολικού έτους.

2. Να σχηματίσετε φράσεις σε ενικό και πληθυντικό όπως στο παράδειγμα.

Παράδειγμα: η τσάντα – η γυναίκα   →   η τσάντα της γυναίκας
                                               οι τσάντες των γυναικών

α. η δουλειά – η γιατρός   →

β. η κηρήθρα – η μέλισσα   →

γ. η θέση – η μαθήτρια   →

δ. η τάξη – η δασκάλα   →

ε. η ουρά – η αλεπού   →

στ. η ελπίδα – η μαμά   →

ζ. η φωτιά – η λαμπάδα   →

η. η έκδοση – η εφημερίδα   →

Ενότητα 4: Επιστροφή στη φύση – Η ζωή στην εξοχή

Επεξεργασία εικόνων

Εργασία

Παρατηρήστε προσεκτικά τις εικόνες και σε ένα κείμενο 50 λέξεων φανταστείτε και περιγράψτε τι δείχνουν, καθώς και τι σχέση έχει ο άνθρωπος με αυτά που απεικονίζονται (π.χ. καλλιέργεια της γης, θερμοκήπιο, κλπ.). Βοηθητικά σας δίνεται το παρακάτω λεξιλόγιο:

λιβάδι, αγρός, καλλιεργώ, φυτά, λαχανικά, λουλούδια, φύση, ηρεμία, βιολογικά προϊόντα.

Κείμενο

Ένα πρωινό στο χωριό μου

Κάποια Χριστούγεννα πήγα να κάνω γιορτές στον Τριπόταμο με τους γονείς μου. Αυτές οι μέρες, είναι πολύ πιο όμορφες όταν τις περνάς στο χωριό με τους δικούς σου ανθρώπους στο σπίτι που γεννήθηκες.

Έμεινα μία εβδομάδα. Ένα πρωινό, αν και έκανε αρκετό κρύο, αποφάσισα να πάω στην κορυφή του κάτω Τριποτάμου. Ντύθηκα κατάλληλα και άρχισα να ανηφορίζω. Δεν είναι μακριά, σε λίγη ώρα θα έφτανα. Προς τα πάνω κοίταζα μόνο τον δρόμο και πότε θα φτάσω. Κοίταζα τις πέτρες κι αναρωτιόμουν πόσες από αυτές μου μάτωσαν τα πόδια πέφτοντας μικρή. Ανηφόρα, κρύο, λίγο λαχάνιασμα και τελικά έφτασα! Πόση ομορφιά και πόσες αναμνήσεις από τα παιδικά μου χρόνια! Οι εκδρομές από το σχολείο, τα παιχνίδια, οι κατσίκες μας...

Δεν θα άλλαζα το χωριό μου με κανένα μέρος του κόσμου! Ας είναι φτωχό, ας ερήμωσε το μισό. Είναι φωλιασμένο μέσα μου και τίποτε δεν μπορεί να το βγάλει. Κοιτάζω τα σπίτια του χωριού μου. Σε κάποιες αυλές οι νοικοκυρές άπλωσαν τα σκεπάσματα να αεριστούν. Αν και γιορτές, πολλά σπίτια είναι κλειστά. Το καταλαβαίνεις από τα τζάκια τους που δεν καπνίζουν. Όπου υπάρχουν άνθρωποι υπάρχει και καπνός. Πριν από χρόνια όλα τα τζάκια των σπιτιών κάπνιζαν. Θεέ μου! Πόση χαρά νιώθω που το τζάκι στο πατρικό μου σπίτι καπνίζει! Κοιτάζω τον καπνό για κάμποση ώρα λες και είναι κάτι ξεχωριστό. Σαν κάτι που το βλέπω για πρώτη φορά.

Ναι ! Σημάδι ζωής των δικών μου αγαπημένων ανθρώπων! Νιώθω ένα σφίξιμο στο στομάχι μου. Οι αναμνήσεις και τα συναισθήματα αρχίζουν να με κυριεύουν όπως πάντα. Νοσταλγία, συγκίνηση, ομορφιά, λύπη, χαρά, όλα μαζί λες και κάνουν πόλεμο μέσα μου ποιο είναι πιο δυνατό. Ο αέρας εδώ πάνω είναι παγωμένος. Κρυώνω, αλλά δεν θέλω να κατέβω. Δεν χορταίνω να κοιτάζω το χωριό μου. Δεν το χόρτασα ποτέ. Ίσως αν ζούσα εδώ, να μην ένιωθα τόσο έντονη επιθυμία. Αλλά πώς γίνεται όταν αγαπάς κάτι τόσο πολύ, να το χορτάσεις, όσο κι αν το ζεις καθημερινά;

Ο μπάρμπα-Λάμπρος, που γύριζε από τις γίδες του, διέκοψε τις σκέψεις μου. Χαιρετούρες, χρόνια πολλά, τα τυπικά καλώς ήλθες κλπ. Μέχρι να κατέβουμε αμέτρητες φορές μου ερχόταν να τον ρωτήσω αν χόρτασε τόσα χρόνια που ζει εδώ το χωριό μας. Θα με περάσει για τρελή. Άστο, έλεγα από μέσα μου...

Μα πώς μπορεί κάποιος να χορτάσει το χωριό που γεννήθηκε και μεγάλωσε; Η κάθε μέρα του είναι διαφορετική, ακόμα και οι άνθρωποι αλλάζουν. Από παιδιά γίνονται ενήλικοι, μετά ηλικιωμένοι, τα δρομάκια γίνονται αυτοκινητόδρομοι, οι πέτρινες σκεπές κοκκινίζουν από τα κεραμίδια, οι εποχές αλλάζουν. Αυτό που δεν αλλάζει είναι η αγάπη σου γι' αυτόν τον τόπο και ό,τι υπάρχει πάνω σ' αυτόν.

Τα πάντα του χωριού σου μοιάζουν πιο νόστιμα, πιο όμορφα, πιο ευχάριστα, πιο συμπαθητικά· από τους ανθρώπους, τα νερά των πηγών, τα χόρτα των χωραφιών, τους καρπούς των δέντρων, όλα μα όλα είναι υπέροχα! Η αγάπη για το χωριό σου δεν περνάει εύκολα, αλλά και γιατί να περάσει; Κάπου κάπου πονάς, δακρύζεις, νοσταλγείς...ε και; Έτσι είναι η κάθε είδους αγάπη· μας πονάει, μας ματώνει, αλλά τη θέλουμε....

(Χαρά Χαρίκλεια Βλαχάκη, διασκευή. vimapoliti.gr)

Ερωτήσεις

1. Να γράψετε με δικά σας λόγια την περίληψη του κειμένου σε 60 λέξεις.
2. Να γράψετε για κάθε παράγραφο και έναν τίτλο.
3. Να βρείτε και να εντοπίσετε σημεία στο κείμενο που δείχνουν την αγάπη που έχει η συγγραφέας για το χωριό της.

μαζεύω καρπούς

βόσκω τα πρόβατα

θερίζω

αλωνίζω

φυτεύω στον κήπο

Εργασία: Χωρίστε τις λέξεις στις παρακάτω ομάδες και στη συνέχεια γράψτε προτάσεις με κάποιες από αυτές: πολυκατοικίες, χωράφια, αγροτόσπιτα, φάρμες, καταστήματα, μουσεία, ησυχία, φύση, θέατρα, κινηματογράφοι, γυμναστήρια, καθαρή ατμόσφαιρα, βιολογικά προϊόντα, διαμερίσματα, φιλικές σχέσεις με γείτονες, κυκλοφοριακό πρόβλημα, καυσαέρια, σκουπίδια, επαφή με ζώα/έντομα/φυτά, ποτάμια, δάση, λίμνες, ανθρώπινες σχέσεις.

Χωριό - ύπαιθρος	Πόλη

Κείμενο

Να επιστρέψουμε στη φύση;

Με αφορμή μια σχολική εργασία σχετικά με τη ζωή στη φύση μακριά από την πολυκοσμία και το θόρυβο της πόλης, μια ομάδα από μαθήτριες και μαθητές της έβδομης τάξης ανέλαβε εθελοντικά να εργαστεί σε μία αγροτική φάρμα. Ας παρακολουθήσουμε τι έχουν να πουν για την εμπειρία τους αυτήν.

Μανώλης: Παιδιά, πώς σας φάνηκε η εμπειρία στη φάρμα;

Σταυρούλα: Καταπληκτική! Εγώ ξετρελάθηκα με τα ζώα στο αγρόκτημα! Πόσο όμορφη και δημιουργική δουλειά...

Κάτια: Εμένα οι άνθρωποι μου έκαναν μεγάλη εντύπωση. Είναι πιο αγνοί, πιο φιλικοί και καλόκαρδοι. Θα ήθελα πολύ να ζήσω σε μία φάρμα.

Νίκος: Και σε μένα άρεσε πολύ αυτή η εμπειρία. Τη βρήκα μοναδική! Κυρίως όμως η άμεση επαφή με τη φύση είναι αυτό που μας λείπει σε μία πόλη. Να είσαι κοντά στο πράσινο, στον καθαρό αέρα, στα λουλούδια... θα μπορούσα πραγματικά να φανταστώ τον εαυτό μου να ζει σε χωριό.

Μανώλης: Εγώ, για να είμαι ειλικρινής, προτιμώ τους ρυθμούς της πόλης. Ωραία η εμπειρία μας στην εξοχή, αλλά νιώθω πως δεν θα μπορούσα να ζήσω εδώ.

Νίκος: Για ποιο λόγο Μανώλη;

Μανώλης: Γιατί μου αρέσει να έχω επιλογές. Να μπορώ να πηγαίνω για σινεμά, για καφέ, να συναντώ φίλους.. όσο να 'ναι η ελευθερία που σου δίνει η πόλη είναι διαφορετική.

Σταυρούλα: Πιστεύω Μανώλη πως θα μπορούσες να τα συνδυάσεις και τα δύο, αν σου δινόταν η δυνατότητα. Να ζεις στο χωριό δηλαδή και να επιλέγεις την πόλη για τη διασκέδασή σου.

Κάτια: Συμφωνώ απολύτως με τη Σταυρούλα. Εξάλλου, την ελευθερία που λες τη νιώθεις μόνο στη φύση. Σκέψου το λίγο…

Μανώλης: Έχετε δίκιο. Αυτό δεν το σκέφτηκα. Ας ξεκινήσουμε όμως τώρα να ετοιμάζουμε την παρουσίασή μας για το σχολείο. Πρέπει να δείξουμε σε όλους τις ομορφιές της φύσης και τη μοναδική εμπειρία του να ζεις σε αγρόκτημα!

(επιμέλεια κειμένου, Σ. Δημοπούλου)

Ερωτήσεις

1. Ποιο είναι το θέμα του διαλόγου και τι συζητούν τα παιδιά;
2. Με ποια άποψη συμφωνείτε και γιατί;
3. Πώς καταλαβαίνετε την έκφραση πως η φύση τελικά σου δίνει τη μεγαλύτερη ελευθερία;
4. Να σημειώσετε τα ρήματα του διαλόγου που βρίσκονται σε παρελθοντικούς χρόνους και να τα μεταφέρετε στον ενεστώτα (π.χ. φάνηκε → φαίνεται)

Εργασία/Παραγωγή λόγου

Με αφορμή τον παραπάνω διάλογο, γράφετε ένα μέιλ σε μία φίλη/έναν φίλο σας και της/του αφηγείστε πώς περάσατε τις διακοπές σας στην εξοχή, σε ένα χωριό ή μία φάρμα. Η αφήγησή σας μπορεί να βασίζεται και σε φανταστικά γεγονότα, δηλαδή στο πώς εσείς φαντάζεστε τέτοιου είδους διακοπές. Το κείμενό σας να μην ξεπερνά τις 120 λέξεις.

Γλωσσικές ασκήσεις

1. Να συμπληρώσετε τα κενά με τον κατάλληλο χρόνο του ρήματος που σας δίνεται στην παρένθεση.

Αγαπημένη μου Μελίνα,

……………………….. (**έχω**) καιρό να τα πούμε, γι' αυτό ………………….. (**αποφασίζω**) να σου γράψω. Ελπίζω να είσαι καλά. Εγώ όπως ξέρεις, πλέον ……………………….. (**ζω**) στο νησί της μητέρας μου. Εδώ όλα μου ………………………. (**φαίνομαι**) διαφορετικά. Με το που ………………. (**ξυπνάω**) το πρωί, ένας ήλιος λαμπερός …………………… (**ανεβαίνω**) στον ουρανό και με ………………. (**γεμίζω**) χαρά και γαλήνη. Εκείνο όμως που δεν θα …………….. (**αλλάζω**) με τίποτα στον κόσμο είναι η θάλασσα. Μόνο που τη …………….. (**βλέπω**) πότε ήρεμη και πότε ανταριασμένη, με ………………………. (**μεταφέρω**) σε έναν κόσμο αλλιώτικο… πιο όμορφο και πιο αληθινό. Εκτός από αυτό, οι άνθρωποι εδώ ……………… (**είμαι**) αλλιώς… Είναι πιο ζεστοί, χαμογελαστοί, και πάντα πρόθυμοι να σε ……………….. (**βοηθώ**). Δε θα ……………….. (**μπορώ**) πλέον να φανταστώ τη ζωή μου στην πόλη. Δε θα ……………….(**θέλω**) να ξαναγυρίσω εκεί, όπου τα πάντα μου …………………… (**μοιάζω**) αφιλόξενα και κρύα. Όποτε ………………. (**θέλω**), ……………… (**ανεβαίνω**) στο καράβι και ……….. (**έρχομαι**) να μας …………….. (**βλέπω**). Θα ……………….. (**χαίρομαι**) πολύ!

Με αγάπη,

Η φίλη σου Ματίνα

2. Να υπογραμμίσετε τα ρήματα και τα επιρρήματα χρησιμοποιώντας διαφορετικό χρώμα. (Για τα επιρρήματα και τη σημασία τους, βλ. σελίδα 146).

α. Σκάβω βαθιά στον κήπο.

β. Πλένω προσεκτικά την αυλή.

γ. Ζυγίζω με ακρίβεια τα φρούτα.

δ. Οργώνω πάντα το χωράφι.

ε. Περιποιούμαι συνεχώς τα φυτά μου.

στ. Περπάτησα χθες αρκετή ώρα στο δάσος.

ζ. Πιθανόν να χρειαστεί να μαζέψουμε τους καρπούς.

η. Σήμερα θα πάμε να τρυγήσουμε το αμπέλι.

θ. Απέναντι από το σπίτι μας κυλάει ένα ποταμάκι.

ι. Κάθε πρωί μαζεύουμε τα αβγά από το κοτέτσι.

3. Να χωρίσετε τα επιρρήματα αναλόγως με τη σημασία τους.

α. Τροπικά:

β. Τοπικά:

γ. Ποσοτικά:

δ. Χρονικά:

ε. Βεβαιωτικά:

4. Να γράψετε τα αντίθετα των παρακάτω επιρρημάτων.

α. μακριά =   ε. ψηλά =
β. έξω =   στ. γρήγορα =
γ. πίσω =   ζ. εύκολα =
δ. τώρα =   η. κάτω =

5. Να συμπληρώσετε τα κενά με τα ακόλουθα επιρρήματα: **μόλις, αμέσως, βέβαια, ευχαρίστως, εκτός, ακόμη, εκεί, περίπου, νωρίς, πολύ, μαζί, ίσως, μην, ξαφνικά, σίγουρα, έπειτα**.

Η σημερινή μέρα προβλεπόταν θαυμάσια! .... ξύπνησα, πήγα .... στην κουζίνα να φάω το πρωινό που μου ετοίμασε η μαμά μου. Μου αρέσει .... να τρώω τη σπιτική μαρμελάδα που φτιάχνουμε από τους καρπούς του δικού μας δέντρου. Σήμερα ήμουν ιδιαίτερα χαρούμενος, γιατί θα πηγαίναμε μια εκδρομή .... με τον Αλέκο, τον πιο αγαπημένο μου φίλο. Είχαμε αποφασίσει να ανεβούμε στο βουνό για εξερεύνηση. .... από την ανάβαση στο βουνό, θα πηγαίναμε και στο ποτάμι για ψάρεμα. Αποφασίσαμε λοιπόν να φύγουμε ...., για να .... μας πιάσει η ζέστη. Ήμασταν .... κατάλληλα ντυμένοι, γιατί .... κάποια στιγμή της ημέρας η θερμοκρασία θα ανέβαινε επικίνδυνα. Συναντηθήκαμε στην πλατεία του χωριού και ξεκινήσαμε την περιπέτεια. .... από μία ώρα πεζοπορία, φτάσαμε επιτέλους στην πλαγιά του βουνού. Ο Αλέκος για κακή μας τύχη, είχε ξεχάσει το μπουκάλι με το νερό του και με ρώτησε αν έχω να του δώσω απ' το δικό μου. «.....................», του είπα. Πιες όσο θέλεις. Θα το ξαναγεμίσουμε από την πηγή με φρέσκο καθαρό νερό. «Είναι μακριά .... μέχρι να φτάσουμε στο ποτάμι;» με ρώτησε. «.......... κανένα μισάωρο», του είπα. «Αλλά μόλις φτάσουμε ...., θα ξετρελαθείς με τις ομορφιές της φύσης!». Πράγματι, μετά από .... μισή ώρα φτάσαμε στις όχθες του ποταμού και καθίσαμε να ξεκουραστούμε. .... μας ήρθε η επιθυμία να βουτήξουμε στο παγωμένο νερό και να κολυμπήσουμε. Η ζέστη ήταν αφόρητη και μας προκαλούσε να απολαύσουμε τα πεντακάθαρα νερά του ποταμού! Ήταν η ωραιότερη μέρα της ζωής μου!

Ενότητα 5: Ώρα για διασκέδαση

Ενώστε την αριστερή με τη δεξιά στήλη.

θέατρο

μουσική

χορός

τσίρκο

σινεμά

πάρτι

Κείμενο

Τι λες να κάνουμε το Σαββατοκύριακο;

Μια παρέα τεσσάρων αγοριών ηλικίας 13 χρόνων συζητά πώς θα περάσει το Σαββατοκύριακο. Ο καθένας τους έχει και μία διαφορετική πρόταση για διασκέδαση. Ας διαβάσουμε τι είπαν.

Μίμης: Επιτέλους Σαββατοκύριακο! Κουράστηκα πολύ με το σχολείο όλη την εβδομάδα. Τι λέτε να κάνουμε; Άκουσα πως έχει μια πολύ ωραία ταινία στο σινεμά. Είναι η καινούρια με τον Σπάιντερμαν.

Στάθης: Μου φαίνεται Μίμη πως μόνο σε σένα αρέσουν αυτές οι ταινίες κόμικς. Εγώ προσωπικά τις βαριέμαι. Σκεφτόμουν μήπως ερχόσασταν στο σπίτι μου να παίζαμε κανένα παιχνίδι.

Τάσος: Τι παιχνίδι εννοείς; Επιτραπέζιο;

Στάθης: Όχι και επιτραπέζιο! Εννοώ με το Playstation. Οι γονείς μου μού χάρισαν ένα καινούριο φανταστικό παιχνίδι!

Τάσος: Εμένα δε μου αρέσει καθόλου αυτού του είδους η διασκέδαση. Κολλάμε για ώρες μπροστά από μια οθόνη και ούτε συζητάμε, ούτε γελάμε.. το μόνο που καταφέρνουμε στο τέλος είναι να πονάνε τα μάτια μας. Δεν πάμε καμία βόλτα στην πόλη, να φάμε κάτι, να περπατήσουμε, να γελάσουμε λίγο; Τι λέτε;

Βασίλης: Παιδιά ακούστε! Είμαι καλεσμένος σε ένα πάρτι γενεθλίων μιας ξαδέρφης μου. Σκεφτόμουν να μην πάω, αλλά μήπως θέλετε να της τηλεφωνήσω και να της πω να καλέσει κι εσάς;

Στάθης: Δεν μπορούμε να πάμε απρόσκλητοι σε πάρτι γενεθλίων Βασίλη. Άσε που δε γνωρίζουμε και κανέναν εκεί.

Τάσος: Συμφωνώ με το Στάθη. Ούτε εγώ τη βρίσκω καλή ιδέα. Πάμε μια βόλτα σας λέω! Ας κάνουμε κάτι διαφορετικό αυτή τη φορά. Όλη την εβδομάδα έχουμε σχολείο, φορτωμένο πρόγραμμα και καθόλου χρόνο για χαλάρωση. Θα περάσουμε ωραία, θα δείτε!

Μίμης: Εγώ συμφωνώ με τον Τάσο. Μια αλλαγή δε θα μας κάνει κακό.

Στάθης, Βασίλης: Κι εμείς συμφωνούμε. Εξάλλου, η παρέα μετράει για να περάσει κάποιος καλά και όχι το τι θα κάνει. Συνάντηση λοιπόν σήμερα το απόγευμα στις 18.00!

(επιμέλεια κειμένου, Σ. Δημοπούλου)

Ερωτήσεις

1. Ποιο είναι το θέμα συζήτησης των παιδιών; Γράψτε σε ένα κείμενο τι προτείνει ο καθένας τους.
2. Με ποιον από όλους θα συμφωνούσατε εσείς και γιατί;
3. Γράψτε πώς περνάτε ένα Σαββατοκύριακο και τι σας αρέσει να κάνετε με τις φίλες ή τους φίλους σας.
4. Γράψτε με τη συμμαθήτρια/το συμμαθητή σας έναν παρόμοιο διάλογο.

Άσκηση
Να ενώσετε τις αντίθετες λέξεις της αριστερής με τη δεξιά στήλη.

κουράστηκα	διαφωνώ
καινούρια	χαλαρό
καλεσμένος	ξεκουράστηκα
συμφωνώ	παλιά
φορτωμένο	απρόσκλητος/ακάλεστος

Ο κόσμος των κόμικς

(greekcomics.gr)

Κόμικς είναι οι εικονογραφημένες ιστορίες, δηλαδή η αφήγηση μιας ιστορίας με εικόνες και σχέδια. Εμφανίστηκαν στις αρχές του 20ου αιώνα με τους γνωστούς υπερήρωες Batman, Spiderman, Superman και Captain America. Την ίδια χρονική στιγμή δημιουργεί ο Disney τον Μίκυ Μάους.

* Θερμές ευχαριστίες στη μαθήτρια της 6ης Μιχαέλα Αμπατζή για το σκίτσο της.

Τα κόμικς σε μορφή περιοδικού ή βιβλίου προσφέρουν πολλά σε ένα παιδί εκτός από τη διασκέδαση και την ευχάριστη ώρα που περνάει με αυτό.

- Εξασκείται το παιδί στη σωστή ανάγνωση
- Αναπτύσσει τη φαντασία και τη δημιουργικότητά του
- Μαθαίνει να αναγνωρίζει την αξία της εικόνας και τη δύναμή της
- Πολλές φορές είναι χιουμοριστικά και αστεία
- Κάνουν καλό στη μνήμη του παιδιού, αφού συνδυάζουν στο μυαλό τους εικόνα και περιεχόμενο
- Δίνει μια ευκαιρία σε παιδιά με ταλέντο στο σχέδιο να ασχοληθούν με αυτά

Εργασίες

1. Στις εικόνες της προηγούμενης σελίδας, βλέπετε τα εξώφυλλα κάποιων βιβλίων κόμικς. Προσπαθήστε να φανταστείτε τι ιστορία μπορεί να περιλαμβάνει κάθε βιβλίο και γράψτε την σε μία ατομική ή ομαδική εργασία. Στη συνέχεια, αναζητήστε πληροφορίες για κάποιο από αυτά τα βιβλία στο διαδίκτυο.

2. Να περιγράψετε το σκίτσο-κόμικ της μαθήτριας στην προηγούμενη σελίδα και να εξηγήσετε τι μπορεί να δείχνει.

Ασκήσεις δημιουργικής γραφής

Συμπληρώστε τα λόγια στα παρακάτω κόμικς (αντλήθηκε από e-didaskalia.blogspot.com. Επεξεργασία: Αποστόλης Ζυμβραγάκης, φιλόλογος)

Άσκηση

Συνεχίστε εσείς τις παραπάνω ιστορίες προφορικά, σε γραπτό ή σε εικονογραφημένο κείμενο.

Κείμενο

Ηλεκτρονικά παιχνίδια και εφηβεία

(pixabay.com)

Τα ηλεκτρονικά παιχνίδια έχουν μπει τα τελευταία χρόνια για τα καλά στη ζωή των παιδιών και των εφήβων. Τα πιο συνηθισμένα είναι τα φορητά, που παίζονται δηλαδή σε κινητό ή τάμπλετ, τα παιχνίδια κονσόλας (Playstation) και όσα παίζονται σε ηλεκτρονικό υπολογιστή.

Οι πιο γνωστές κατηγορίες παιχνιδιών είναι οι εξής:

1. Παιχνίδια, όπου σκοπός του παίκτη είναι να πυροβολήσει όσο γίνεται περισσότερους στόχους, ώστε να κερδίσει περισσότερους πόντους ή χρήματα.
2. Παιχνίδια στον πραγματικό χρόνο: Παιχνίδια στρατηγικής, που συχνά παίζονται μ' άλλους παίκτες online.
3. Παιχνίδια προσομοίωσης: Παιχνίδια απομίμησης της πραγματικότητας
4. Παιχνίδια περιπέτειας: Παιχνίδια που ακολουθούν μια ιστορία και περιλαμβάνουν προβλήματα για επίλυση, γρίφους.
5. Παιχνίδια ρόλων: Ο παίκτης αναλαμβάνει ένα χαρακτήρα (π.χ. πολεμιστή, μάγο) και καθώς κυλάει η ιστορία, μπαίνουν νέα στοιχεία, όπως εργαλεία ή όπλα στον χαρακτήρα που παίζουν.

6. Αθλητικά: Ο παίκτης έχει την ευκαιρία να παίξει ποδόσφαιρο ή και να μπει στη θέση ενός διάσημου ποδοσφαιριστή.
7. Παζλ: Παιχνίδια λογικής.
Έρευνες έχουν δείξει ότι τα ηλεκτρονικά παιχνίδια, που παίζονται κυρίως από αγόρια, έχουν τόσο θετικά όσο και αρνητικά. Στα θετικά είναι τα παρακάτω:

1. Η συγκέντρωση της προσοχής
2. Η παρατηρητικότητα
3. Η ικανότητα λύσης προβλημάτων
4. Η απόκτηση των γενικών γνώσεων

Στα αρνητικά περιλαμβάνονται τα ακόλουθα:

1. Το 90% περίπου των παιχνιδιών περιέχουν κάποιας μορφής βία.
2. Στα μισά τουλάχιστον απ' αυτά, μέσα στους σκοπούς του παίκτη είναι να προκαλέσει φοβερή βλάβη ή και το θάνατο του αντιπάλου.
3. Το 53% των παιδιών σχολικής ηλικίας πιστεύει ότι τα παιχνίδια με βίαιο περιεχόμενο είναι τα καλύτερα.

Το μεγαλύτερο βέβαια πρόβλημα σε όλα αυτά είναι ότι το παιδί περνάει πολλές ώρες μπροστά από ένα κινητό ή υπολογιστή, με αποτέλεσμα να μην έχει όρεξη για σχολείο ή διάβασμα, να έχει συχνά πονοκεφάλους ή να νυστάζει. Επίσης, προτιμά να παίζει παιχνίδια παρά να συναντά τους φίλους του και πολλές φορές γίνεται επιθετικό τόσο στην οικογένεια, όσο και στο σχολείο.
Οι γονείς μπορούν να βοηθήσουν και να προστατεύσουν τα παιδιά όσο γίνεται περισσότερο με τους ακόλουθους τρόπους:

1. Να ενημερωθούν περισσότερο οι ίδιοι για τα ηλεκτρονικά παιχνίδια
2. Να προσέχουν τι παιχνίδια αγοράζουν τα παιδιά
3. Να επιτρέπουν στο παιδί να παίζει συγκεκριμένη μέρα και ώρα

4. Το σημαντικότερο: να είναι όσο γίνεται πιο «κοντά» στα παιδιά τους, όταν παίζουν και να συζητούν μαζί τους.
(Άρθρο διασκευασμένο της Μ. Τάσση, Παιδοψυχιάτρου, ebooks.edu.gr)

Ερωτήσεις

1. Να γράψετε με δικά σας λόγια τα είδη των ηλεκτρονικών παιχνιδιών και στη συνέχεια να γράψετε ποια από αυτά σας αρέσει να παίζετε και γιατί.
2. Ποια είναι τα μεγαλύτερα προβλήματα που δημιουργούνται εξαιτίας της πολύωρης χρήσης των ηλεκτρονικών παιχνιδιών και πώς μπορούν οι γονείς να προστατεύσουν τα παιδιά τους; Να δώσετε την απάντησή σας σύμφωνα με το κείμενο.
3. Να βρείτε στο κείμενο τα ρήματα που βρίσκονται στον Ενεστώτα και να τα μεταφέρετε στο παρελθόν σε όποιον χρόνο θέλετε (π.χ. μπαίνουν → μπήκαν, έμπαιναν).
4. Με τις ακόλουθες λέξεις, να γράψετε προτάσεις: παιχνίδια, κινητό, υπολογιστής, όρεξη, πρόβλημα.

Παραγωγή λόγου
Γράφετε ένα μέιλ σε μία φίλη/έναν φίλο σας και της/του λέτε πώς σας αρέσει να περνάτε τις ελεύθερες ώρες σας μέσα στην εβδομάδα, όταν δεν έχετε πολλά μαθήματα για το σχολείο. Το κείμενό σας δε θα ξεπερνά τις 70 λέξεις.

Γλωσσικές ασκήσεις

1. Στις παρακάτω προτάσεις να επιλέξετε τη λέξη που ταιριάζει:

α. Χθες το απόγευμα πέρασε ο Νίκος να με πάρει για να ....
(συναντήσουμε, συναντηθούμε, συναντήσαμε) φίλους.
β. Η παρέα των κοριτσιών .... (διασκέδασαν, διασκεδάζει,
διασκέδασε) πολύ το περασμένο Σάββατο.
γ. Τα ηλεκτρονικά παιχνίδια .... (μπορούν, επιτρέπει, είναι
δυνατόν) να τα αγοράσει κανείς και σε πολυκαταστήματα.
δ. Αύριο το απόγευμα .... (σκέφτηκα, θα σκεφτώ, σκέφτομαι) να
πάω για μπάσκετ.
ε. .... (είναι απλό, είναι επιτρεπτό, είναι εύκολο) να μου
δανείσεις για μία ώρα το ποδήλατό σου;
στ. Πιστεύω πως στην πενθήμερη εκδρομή του σχολείου ....
(περάσαμε, θα περάσουμε, περνάμε) υπέροχα.
ζ. Πήγαμε προχθές το απόγευμα με τη μητέρα μου σε ένα βιβλιοπωλείο και
.... (αποφάσισα να, μετάνιωσα που, σκόπευα να) αγοράσω
ένα υπέροχο βιβλίο που μας πρότεινε η δασκάλα.
η. Δε νομίζω πως .... (αξίζει, επιτρέπεται, είναι καλό) να
παίζουμε με ηλεκτρονικά παιχνίδια που έχουν τόση βία.
θ. Είδες την τελευταία ταινία του Σούπερμαν; .... (Πιστεύω, Θέλω,
Ελπίζω) πως πρέπει να πας να τη δεις οπωσδήποτε!
ι. Στο πάρτι της Αλεξίας, πραγματικά με .... (αδιαφόρησε,
εντυπωσίασαν, θαύμασα) οι χορευτικές ικανότητες του Μανώλη!
ια. Μου αρέσει να .... (βρεθούμε, είχαμε βρεθεί, βρισκόμαστε)
με τις φίλες μου και να .... (συζητούσαμε, συζητήσαμε,
συζητάμε) για διάφορα θέματα.
ιβ. Η Αλίκη έχει πολύ καλή φωνή! Το Σάββατο που πήγαμε σε ένα μαγαζί, μας
.... (τραγουδούσε, τραγούδησε, είχε τραγουδήσει) ως το
πρωί.

2. Να συμπληρώσετε τα γράμματα που λείπουν από τα παρακάτω ρήματα και να τονίσετε σωστά.

α. Να σ….ναντηθούμε απόψε να πάμε να δούμ…. τη νέα ταινία του Μπάτμαν;

β. Πώς θα περάσ…..ς το Σαββατοκύριακο; Θα βρεθ….ς με φίλους;

γ. Χθες γ…ρισα πολύ κουρασμένος από τη δουλειά και κ…μ….θ…κα αμέσως!

δ. Όλο το απόγευμα έπ…..ζα με το αγαπημένο μου ηλεκτρονικό παιχνίδι.

ε. Σε π….ριμ…νω να έρθ…ς από το σχολείο για να πάμε για ποδόσφαιρο.

στ. Ανεβ….νω και κατεβ…νω πολλές φορές τα σκαλιά καθημερινά.

ζ. Τι γιορτάζουμ… σήμερα και έφερες γλυκά;

η. Μην μπ….νεις εκεί μέσα! Είναι επικίνδυνα!

θ. Τα κόμικς που έψαχνα, τα βρ…κα σε ένα βιβλιοπωλείο.

ι. Μην ασχολ….σ…. τόσο πολύ με το κινητό σου. Θα χαλάσεις τα μάτια σου!

3. Να γράψετε τα ρήματα που σχηματίζονται από τις παρακάτω λέξεις με τη σωστή κατάληξη:
άρρωστος, πάλη, ανάσα, κρύο, άπλωμα, σκούπα, φως, ιδρώτας, ζέστη, μάζεμα, μάγος, άγγιγμα

- **αίνω** ....

- **ίζω** ....

- **εύω** ....…..

- **ώνω** ....

4. Συμπληρώστε τα παρακάτω ρήματα με το **να**. Στην παρένθεση βρίσκεται το πρόσωπο που πρέπει να μπει το ρήμα, όταν αυτό δεν είναι ξεκάθαρο:

α. Μου αρέσει .... (παρακολουθώ) παραστάσεις στο θέατρο.

β. Δεν επιτρέπεται ....(φεύγω) την ώρα του μαθήματος (εσείς).

γ. Μακάρι .... (γνωρίζω) νωρίτερα τι θα συμβεί (αυτοί)!

δ. Εσύ προτίμησες .... (κρύβομαι) από το αφεντικό σου την ώρα που σε έψαχνε.

ε. Τις αρέσει πολύ .... (βάφομαι) και .... (χτενίζομαι).

στ. Άρχισε .... (βαριέμαι) μόλις ξεκίνησε την ομιλία του ο πρόεδρος.

ζ. .... (στενοχωριέμαι) άδικα (εσύ)!

η. Η αγαπημένη μου γιαγιά πάντα με συμβούλευε .... (αγωνίζομαι) για το δίκιο μου και .... (παλεύω) σκληρά.

θ. Οι συμμαθητές μου αποφάσισαν .... (ακολουθώ) τη συμβουλή του δασκάλου τους και .... (παίζω) πολλές ώρες ηλεκτρονικά παιχνίδια.

ι. Άρχισε .... (βρέχει)! Μάζεψε τα ρούχα.

ια. .... (παραπονιέμαι) πως δεν πήρατε καλό βαθμό στο διαγώνισμα! Αφού δεν διαβάσατε όσο έπρεπε.

ιβ. Παλεύει .... (αποδεικνύω) πως είναι αθώος.

ιγ. Η ικανότητά της στα Μαθηματικά, την οδήγησε .... (σπουδάζω) αυτή την επιστήμη.

ιδ. Μην ξεχνάτε .... (πλένω) τα δόντια σας κάθε βράδυ!

ιε. .... (πίνω) και .... (τρώω) ό,τι θέλετε παιδιά!

Ενότητα 6: Εφηβεία – Σχέσεις των Νέων – Προβλήματα

Επεξεργασία εικόνων

(pixabay.com)

Εργασία

Να γράψετε έναν τίτλο για κάθε εικόνα και να τις περιγράψετε. Με ποια θέματα πιστεύετε πως ασχολούνται; Ποιο από όλα είναι για εσάς σημαντικό και γιατί;

Κείμενο

Κανείς δε με καταλαβαίνει πια 

Αγαπημένη μου φίλη Μαριάννα,

ελπίζω να είσαι καλά. Ήθελα εδώ και αρκετό καιρό να σου γράψω, αλλά δεν έβρισκα ποτέ το χρόνο με όλα αυτά που έχω καθημερινά… σχολείο, διάβασμα, δραστηριότητες… τα ξέρεις κι εσύ άλλωστε. Τις τελευταίες μέρες νιώθω πως μέσα στο σπίτι δε με καταλαβαίνει κανείς. Ό,τι και να πω, ό,τι και να κάνω, πάντα θα μου φέρνουν αντίρρηση οι γονείς μου. Τουλάχιστον έτσι το βλέπω εγώ…

Το περασμένο Σαββατοκύριακο ήμουν καλεσμένη στο πάρτι γενεθλίων μιας συμμαθήτριάς μου. Ο πατέρας μου είναι λίγο αυστηρός με κάτι τέτοια. Δεν με αφήνει να πηγαίνω, γιατί φοβάται λέει. Τι ακριβώς φοβάται, δεν ξέρω…είμαι πια σχεδόν 13! Εξάλλου, όλη η τάξη ήταν καλεσμένη.

Η μαμά από την άλλη, αν και δε συμφωνεί εντελώς μαζί του, δεν με άφηνε να πάω, γιατί το πάρτι θα άρχιζε στις 8 το βράδυ και δεν είναι σωστό λέει να είμαι έξω τέτοια ώρα. Μα πες μου σε παρακαλώ, είναι αργά 8 η ώρα;

Πιστεύω πως οι γονείς πρέπει να εμπιστεύονται τα παιδιά τους και να κατανοούν τις ανάγκες τους. Γνωρίζω πως ανησυχούν και είναι λογικό, αλλά δεν έχω δώσει ποτέ μέχρι στιγμής αφορμή για να με μαλώσουν. Πες μου τη γνώμη σου σε παρακαλώ. Εσένα σε περιορίζουν οι γονείς σου; Είναι αυστηροί;

Σ' ευχαριστώ για την κατανόηση και θα χαρώ πολύ αν μου γράψεις.

Η φίλη σου,

Ναταλία

(επιμέλεια κειμένου, Σ. Δημοπούλου)

Ερωτήσεις

1. Ποιο είναι το πρόβλημα της Ναταλίας;
2. Να γράψετε την πιθανή απάντηση της φίλης της Μαριάννας σε ένα κείμενο περίπου 50 λέξεων.
3. Να ξαναγράψετε το παραπάνω κείμενο σε πλάγιο λόγο, δηλαδή σε τρίτο πρόσωπο. Μπορείτε να ξεκινήσετε ως εξής: "Η Ναταλία στέλνει ένα μέιλ στη φίλη της Μαριάννα και αφού τη ρωτάει τι κάνει, της γράφει τα παράπονά της,,.

Παραγωγή γραπτού λόγου

Στέλνετε ένα μέιλ σε μία φίλη/έναν φίλο σας και της/του γράφετε για τη δική σας καθημερινότητα μέσα στο σπίτι. Το κείμενό σας να μην ξεπερνά τις 100 λέξεις.

Κείμενο

Κουβέντες εφήβων...

Ο Οδυσσέας και ο Σπύρος είναι φίλοι από το νηπιαγωγείο. Με αφορμή έναν πρόσφατο καβγά στο σχολείο, συζητούν τι μπορεί να συνέβη μεταξύ τους.

Σπύρος: Χαίρομαι Οδυσσέα που επιτέλους βρήκες χρόνο να μιλήσουμε γι' αυτό που συνέβη μεταξύ μας προχθές στο σχολείο. Η συμπεριφορά σου απέναντί μου δε μου άρεσε.

Οδυσσέας: Ήθελα κι εγώ να μιλήσουμε Σπύρο, γιατί πιστεύω πως υπάρχει μία παρεξήγηση ανάμεσά μας.

Σπύρος: Θα σου θυμίσω το περιστατικό μέσα στο μάθημα… την ώρα που γράφαμε το διαγώνισμα στα Μαθηματικά, σου ζήτησα μια μικρή βοήθεια και με αγνόησες. Έκανες πως δεν άκουγες, πως τάχα σε έβλεπε η δασκάλα και χίλιες δυο δικαιολογίες… ενώ τον Μάρτιν τον βοήθησες μόλις σε ρώτησε κάτι! Και το είδα και το άκουσα!

Οδυσσέας: Δεν είναι ακριβώς όπως τα λες φίλε μου. Το ξέρεις πολύ καλά ότι εσένα θα σε βοηθούσα οποιαδήποτε στιγμή μου το ζητούσες! Την ώρα που έγραφα, ήμουν συγκεντρωμένος στην άσκηση και πραγματικά δεν σε άκουγα! Λες να σε άκουγα και να μην απαντούσα; Πιστεύεις πως το έκανα επίτηδες;

Σπύρος: Και τον Μάρτιν; Πώς τον άκουσες;

Οδυσσέας: Ο Μάρτιν καθόταν ακριβώς δίπλα μου και με ρώτησε μόνο αν έβγαλα αυτό το αποτέλεσμα στην άσκηση. Δεν του είπα τίποτε άλλο! Με παρεξήγησες χωρίς λόγο και δε σου κρύβω πως ενοχλήθηκα.. η αντίδρασή σου δείχνει πως δε με εμπιστεύεσαι..

Σπύρος: Ακριβώς επειδή σε εμπιστεύομαι μου φάνηκε περίεργο… αν είναι όμως όπως τα λες, τότε σου ζητώ συγνώμη. Ήταν παρεξήγηση.

Οδυσσέας: Έτσι έγιναν τα πράγματα Σπύρο. Κι εγώ σου ζητώ συγνώμη από την πλευρά μου. Δε μου είπε όμως… έγραψες καλά τελικά;

Σπύρος: Αν με βοηθούσες, θα έγραφα καλύτερα.. χαχα… πλάκα σου κάνω. Ας διάβαζα περισσότερο! Στο κάτω κάτω δε μου φταις εσύ. Πάμε για μπάσκετ;

Οδυσσέας: Και δεν πάμε!

(επιμέλεια κειμένου, Σ. Δημοπούλου)

Ερωτήσεις

1. Να σημειώσετε το Σωστό και Λάθος στις παρακάτω προτάσεις:

α. Ο καβγάς έγινε για ένα διαγώνισμα στη Γλώσσα   Σ   Λ
β. Ο Σπύρος θύμωσε με τον Οδυσσέα   Σ   Λ
γ. Ο Οδυσσέας δεν ήθελε να βοηθήσει το Σπύρο   Σ   Λ
δ. Έγινε παρεξήγηση τελικά   Σ   Λ
ε. Τα παιδιά ζήτησαν συγνώμη   Σ   Λ

2. Να συμπληρώσετε τα κενά με λέξεις από το κείμενο.

Έγινε ένας .... ανάμεσα στον Οδυσσέα και το Σπύρο με αφορμή ένα διαγώνισμα στα .... Ο Σπύρος πιστεύει πως ο Οδυσσέας δεν ήθελε να τον ...., αλλά δεν ήταν αλήθεια. Ο Οδυσσέας είπε στο φίλο του τι ακριβώς .... εκείνη τη μέρα και πως θα πρέπει να τον .... περισσότερο άλλη φορά. Στο τέλος ζήτησε ο ένας από τον άλλο .... και πήγαν για μπάσκετ.

3. Στον παραπάνω διάλογο το θέμα είναι η φιλία στην εφηβική ηλικία και τις σκέψεις που κάνουν οι έφηβοι γι' αυτήν. Γράψε για τη φίλη/το φίλο σου και διηγήσου ένα περιστατικό παρεξήγησης ανάμεσα σε σένα και αυτήν/αυτόν. Τι το προκάλεσε; Πώς εξελίχθηκε και πώς λύθηκε στο τέλος η παρεξήγηση;

4. Διαβάστε το διάλογο μέσα στην τάξη και προσπαθήστε να τον συνεχίσετε ή να τον εμπλουτίσετε και με άλλες πληροφορίες.

Εργασία[1]

Σε ένα κείμενο περίπου 120-10 λέξεων, να γράψεις τα παρακάτω:

1. Να περιγράψεις τις εικόνες.

2. Το κορίτσι στα δεξιά κάθεται μόνο του σε ένα παγκάκι του σχολείου. Γράψτε μια ιστορία και τι μπορεί να συνέβη. Γιατί είναι μόνη της;

3. Πώς θα τη βοηθούσατε, αν ήσασταν στη θέση της; Πώς θα μπορούσαν να τη βοηθήσουν οι συμμαθήτριες /συμμαθητές και οι δάσκαλοι;

---

[1] Οι εικόνες προέρχονται από αντίστοιχο θέμα εξετάσεων στην ελληνική γλώσσα του Υπουργείου Παιδείας της Βόρειας Ρηνανίας Βεστφαλίας.

Γλωσσικές ασκήσεις

1. Να μεταφέρετε τις παρακάτω προτάσεις από τον ευθύ στον πλάγιο λόγο. (Για τη μετατροπή του ευθύ σε πλάγιο λόγο και αντίστροφα, βλέπε σελ. 147).

α. «Μη μαλώνετε συνεχώς και με στενοχωρείτε» έλεγε η μητέρα.

β. Ο πίνακας ανακοινώσεων στο αεροδρόμιο έγραφε: «όλες οι πτήσεις ακυρώνονται λόγω κακοκαιρίας».

γ. «Δεν είναι καθόλου σωστό να κοροϊδεύουμε κάποιαν συμμαθήτρια ή κάποιον συμμαθητή μας» είπε η δασκάλα στα παιδιά.

δ. «Πρέπει να καταλάβετε πως όλοι οι άνθρωποι είναι ίσοι» τους δίδασκε ο δάσκαλος.

ε. «Πάμε να φάμε και να πιούμε κάτι» είπε ο Στάθης στους φίλους του.

στ. «Ελάτε όλοι μέσα γιατί άρχισε να βρέχει» φώναξε ο πατέρας.

ζ. «Θα θέλατε να μιλήσουμε σήμερα για το Mobbing;» ρώτησε η δασκάλα όλη την τάξη.

η. «Πιστεύω πως η φιλία είναι ένα από τα μεγαλύτερα αγαθά» τόνισε η Στέλλα στη φίλη της Βασιλική.

θ. «Απαγορεύεται αυστηρά το κάπνισμα σε όλους τους χώρους του κτιρίου» έγραφε η πινακίδα στην είσοδο.

ι. «Θεωρώ ότι πρέπει να αποδεχόμαστε τον άλλον όπως είναι» ανέφερε ο Γιάννης στη συζήτηση που είχε με τον Κώστα.

2. Να μεταφέρετε τις παρακάτω προτάσεις από τον πλάγιο στον ευθύ λόγο.

α. Ο πρόεδρος του συλλόγου ανακοίνωσε ότι οι επόμενες εκλογές θα γίνουν τον Απρίλιο.

β. Η Μαίρη θυμόταν πόσο ωραία πέρασε στις διακοπές της το περασμένο καλοκαίρι.

γ. Ο γιατρός ρώτησε τον ασθενή αν αισθανόταν καλά μετά τη θεραπεία του.

δ. Ο διευθυντής του σχολείου ανακοίνωσε πως θα απαγορευτούν τα κινητά τηλέφωνα μέσα στο σχολείο.

ε. Ο αρχηγός της ομάδας συμβούλευσε τους παίκτες να οργανωθούν σωστά, για να κερδίσουν.

στ. Η γνωστή δημοσιογράφος ρώτησε τον καλεσμένο της αν του αρέσει να παίζει πιο πολύ στον κινηματογράφο ή στο θέατρο.

ζ. Η πινακίδα έγραφε πως απαγορεύονται τα πλαστικά στην παραλία.

η. Η φωτεινή επιγραφή στο δρόμο προειδοποιούσε τους οδηγούς να φοράνε τη ζώνη τους.

θ. Οι οδηγίες χρήσεως του φαρμάκου τόνιζαν να μη χρησιμοποιείται πάνω από τρεις φορές τη μέρα, γιατί έχει σοβαρές παρενέργειες.

ι. Ο καθηγητής είπε στους μαθητές να προσέξουν την άσκηση 5 στο διαγώνισμα, γιατί χρειάζεται σκέψη.

3. Να συμπληρώσετε το πρώτο τμήμα των παρακάτω προτάσεων όπως ταιριάζει.

α. ...., επειδή άργησα στο μάθημα.

β. ...., θα σου αγοράσω ό,τι θέλεις.

γ. ...., αν και ήμουν πολύ προσεκτικός.

δ. .... μήπως βρέξει και δεν πάω για μπάσκετ.

ε. .... να μην πετάμε σκουπίδια.

στ. .... μη φύγει μέχρι να πάω στο σπίτι.

ζ. ...., ώστε γίναμε μούσκεμα.

η. ...., όταν το αποφασίσω εγώ.

4. Να συμπληρώσετε το δεύτερο τμήμα των παρακάτω προτάσεων χρησιμοποιώντας διάφορους συνδέσμους και βάζοντας κόμμα όπου χρειάζεται (π.χ. ότι, όταν, για να, ώστε, αν και, κλπ.).

α. Μου αποκάλυψε ....

β. Ανησύχησα πολύ ....

γ. Σας προτείνω ....

δ. Ελάτε να δείτε ....

ε. Ήταν τόσο μεγάλη η αγωνία του ....

στ. Τόλμησε να μπει στη θάλασσα ....

ζ. Έτρεμε από το φόβο της ....

η. Θα γράψεις πολύ καλά στα Μαθηματικά ....

θ. Μόνο τότε θα μπορέσεις να με καταλάβεις ....

ι. Ήρθε τρέχοντας ....

ια. Ο ιερέας ανήγγειλε ....

ιβ. Του άρεσε να ταξιδεύει ....

ιγ. Αποφάσισα να αλλάξω δουλειά ....

ιδ. Μας ρώτησε ο δάσκαλος ....

ιε. Τα παιδιά αποφάσισαν ....

Ενότητα 7: Γνωριμία με τον κόσμο της Λογοτεχνίας

Στην ενότητα αυτήν θα ασχοληθούμε με τη λογοτεχνία και την ποίηση στην Ελλάδα και θα γνωρίσουμε τις σημαντικότερες Ελληνίδες ποιήτριες και τους σημαντικότερους Έλληνες ποιητές και πεζογράφους. Ας δούμε όμως πρώτα τι σημαίνουν όλα αυτά.

Λογοτεχνία = Η τέχνη του λόγου. Λογοτεχνία είναι κυρίως τα γραπτά (πεζογραφήματα), αλλά και προφορικά προϊόντα της τέχνης.

Ποίηση = Είναι κείμενα γραμμένα σε στίχους. Συνήθως εκφράζουν το ωραίο και έχουν ευχάριστο αποτέλεσμα.

Άσκηση

Ενώστε την αριστερή με τη δεξιά στήλη:

α. Βράδιασε, άναψαν τα φώτα, το κρύο δυνάμωσε   Ποίηση

β. Τζιτζίκια στήσαν το χορό   Νανούρισμα
   στο ντάλα μεσημέρι

γ. Ύπνε που παίρνεις τα παιδιά   Πεζογραφία
   έλα πάρε και τούτο

Α. Λογοτεχνία και Αρχαιότητα

Από τους αρχαίους χρόνους η ελληνική λογοτεχνική παράδοση είναι πλούσια. Συγγραφείς και ποιητές είναι γνωστοί παγκοσμίως με τα έργα τους (ποίηση, ιστορία, φιλοσοφία), τα οποία έχουν μεταφραστεί σε πολλές γλώσσες και διδάσκονται παντού. Ας γνωρίσουμε κάποιους από αυτούς.

Όμηρος

Ο Όμηρος ήταν αρχαίος Έλληνας ποιητής και δημιουργός της *Ιλιάδας* και της *Οδύσσειας*, τα γνωστά Ομηρικά Έπη.

Η *Ιλιάδα* αναφέρεται στις 51 μέρες που κράτησε ο πόλεμος της Τροίας, ενώ η *Οδύσσεια* στις δεκαετείς περιπέτειες του Οδυσσέα κατά τη διάρκεια της επιστροφής του στην πατρίδα.

Ηρόδοτος

Ο Ηρόδοτος ήταν αρχαίος Έλληνας ιστορικός του 5ου αι. π.Χ. (προ Χριστού). Έγραψε την ιστορία για τους πολέμους μεταξύ Ελλήνων και Περσών. Ο ίδιος ταξίδεψε σε πολλά μέρη, γι' αυτό και στα βιβλία του μαθαίνουμε πολλά για τους άλλους λαούς της εποχής εκείνης.

Θουκυδίδης

Ο Θουκυδίδης ήταν Έλληνας ιστορικός και στρατηγός. Έζησε τον 5ο αι. π.Χ. και έγραψε την Ιστορία του Πελοποννησιακού Πολέμου. Πρόκειται για τον πόλεμο ανάμεσα στην Αθήνα και τη Σπάρτη. Το έργο αυτό χωρίζεται σε οκτώ βιβλία.

Πλάτων

Ο Πλάτων ήταν αρχαίος Έλληνας φιλόσοφος που έζησε στα τέλη του 5ου και στις αρχές του 4ου αι. π.Χ. Ήταν μαθητής του Σωκράτη και δάσκαλος του Αριστοτέλη. Έγραψε πολλά φιλοσοφικά έργα, τα οποία είναι γνωστά παγκοσμίως.

Αριστοτέλης

Ο Αριστοτέλης ήταν αρχαίος Έλληνας φιλόσοφος και επιστήμονας που έζησε τον 4ο αιώνα π.Χ. Γεννήθηκε στα Στάγειρα της Χαλκιδικής και υπήρξε ο δάσκαλος του Μ. Αλεξάνδρου και ο μαθητής του Πλάτωνα. Εκτός από τη φιλοσοφία, ασχολήθηκε με τη Φυσική, Ψυχολογία, Βιολογία, κλπ.

Άσκηση εμπέδωσης

Να κάνετε την αντιστοίχιση.

Όμηρος	πόλεμος Αθήνας Σπάρτης
	Οδύσσεια
	πόλεμος Ελλήνων Περσών
Ηρόδοτος	δάσκαλος του Αριστοτέλη
	Ιλιάδα
	δάσκαλος του Μ. Αλεξάνδρου
Θουκυδίδης	ασχολήθηκε με τη Φυσική
	Έλληνας στρατηγός
	έκανε πολλά ταξίδια
Πλάτων	γεννήθηκε στα Στάγειρα
	μαθητής του Σωκράτη
	μαθητής του Πλάτωνα
Αριστοτέλης	Ομηρικά Έπη

Β. Πεζογραφία – Ποίηση και σύγχρονη Ελλάδα

Η Ελληνική λογοτεχνία στα νεότερα χρόνια έχει να μας παρουσιάσει πολλά και αξιόλογα έργα πεζογράφων και ποιητών που αντλούν τα θέματά τους από την ιστορία της χώρας μας, το σχολείο, την οικογένεια, τη θρησκευτική ζωή, την παράδοση, κ.ά. Στους σημαντικότερους πεζογράφους ανήκουν οι: Αλέξανδρος Παπαδιαμάντης, Γεώργιος Βιζυηνός, Ηλίας Βενέζης, Έλλη Αλεξίου, Διδώ Σωτηρίου, Νίκος Καζαντζάκης, Άλκη Ζέη, Πηνελόπη Δέλτα και πολλοί άλλοι. Στους σημαντικότερους ποιητές ανήκουν οι: Διονύσιος Σολωμός (έγραψε τον Ύμνο στην Ελευθερία), Κωστής Παλαμάς, Κωνσταντίνος Καβάφης, Οδυσσέας Ελύτης, Γιώργος Σεφέρης, Γιάννης

Ρίτσος και πολλοί άλλοι με αξιόλογο έργο. Ας γνωρίσουμε κάποιους μέσα από τα έργα τους.

Α. Πηνελόπη Δέλτα

Η **Πηνελόπη Δέλτα** υπήρξε από τις σημαντικότερες Ελληνίδες συγγραφείς κυρίως για παιδικά διηγήματα και μυθιστορήματα. Γεννήθηκε στην Αλεξάνδρεια της Αιγύπτου το 1874 και τα πιο γνωστά της μυθιστορήματα είναι Ο Τρελαντώνης, Το Παραμύθι χωρίς Όνομα, Τα μυστικά του βάλτου.

Αντώνης ο ήρωας (απόσπασμα)

Το παρακάτω απόσπασμα προέρχεται από το μυθιστόρημα της Πηνελόπης Δέλτα «Ο Τρελαντώνης», ο οποίος ήταν ο αδερφός της συγγραφέως. Ο Αντώνης και τα τρία αδέρφια του, φιλοξενούνται για τις καλοκαιρινές διακοπές από το θείο Ζωρζή και τη θεία Μαριέττα, στην Καστέλα. Τα τέσσερα παιδιά μακριά από τους αυστηρούς γονείς τους, που δεν μπορούν να ταξιδέψουν από την Αλεξάνδρεια, φέρνουν τα πάνω κάτω στη ζωή των ενηλίκων. Ο Αντώνης είναι ο πιο ζωηρός από όλους, αλλά σωστός χαρακτήρας, αφού δεν λέει ποτέ ψέματα και παραδέχεται με θάρρος όλες του τις σκανδαλιές γνωρίζοντας πως θα ακολουθήσει η τιμωρία. Δεν κλαίει ποτέ, δε φοβάται και βρίσκεται συνέχεια σε μπελάδες!

Ο Αλέξανδρος μάζευε φούχτες τους στρατιώτες του, κλαίγοντας, και τους έριχνε στο κουτί τους, ενώ ο Αντώνης, με τα χέρια στην τσέπη, πήγαινε κι έρχονταν σα Μεγάλος Ναπολέων μετά τη νίκη.

— Και πρώτον δεν κάνει να κλαις γιατί νικήθηκες! είπε του αδελφού του. Δεν είναι σπορ αυτό!

Ο Αλέξανδρος, που το ήξερε, που είχε ακούσει αυτό το ίδιο μάθημα ύστερα από κάθε μάχη με τον Αντώνη, δεν αποκρίθηκε, μόνο έκλαιγε σιωπηλά, γυρεύοντας να καταπιεί τα δάκρυα του.

Η Αλεξάνδρα είχε ξανακαθίσει στο τραπέζι κι έγλειφε το πινέλο της για να το κάνει μυτερό.

— Ο Αλέξανδρος είναι μικρός, είπε μ' επιείκεια. Μα η Πουλουδιά που είναι μεγάλη πρέπει να μάθει να μη θυμώνει, σα χάνει ένα παιχνίδι.

Ο Αλέξανδρος ξέσπασε σε καινούρια κλάματα.

— Η Πουλουδιά είναι πολύ καλή! είπε.

— Βέβαια, γιατί σε βοήθησε! αποκρίθηκε ο Αντώνης.

— Δε με βοήθησε! Αν με είχε βοηθήσει, θα κέρδιζα εγώ τον πόλεμο!

— Ποτέ! Με τέτοιους στρατιώτες, στραβωμένους, σπασμένους...

— Ναι, θα σου σκότωνε η Πουλουδιά τους δικούς σου!

— Ποτέ! είπε πάλι ο Αντώνης.

Ξανάνοιξε το κουτί του, όπου έναν έναν είχε συγυρίσει και φυλάξει τους στρατιώτες του, αφού πρώτα διόρθωσε και ίσιασε όσες ξιφολόγχες είχαν κακοπάθει από την κλοτσιά της Πουλουδιάς, και τους χάιδεψε με αγάπη.

— Τέτοιο στρατό δεν τον νικά κανένας! είπε. Οι δικές μου βάσεις είναι όλες στερεές!

— Η Πουλουδιά θα τους νικούσε, γιατί σημαδεύει πιο καλά από σένα!

— Ποτέ! επανέλαβε κοροϊδευτικά ο Αντώνης.

— Ναι, σημαδεύει πιο καλά! επέμεινε με πείσμα ο Αλέξανδρος. Στο κροκέ, στην Αλεξάνδρεια, πολλές φορές σε κέρδιζε!

— Στο κροκέ! Ένα κουτό, κοριτσίστικο παιχνίδι! έκανε ακατάδεχτα ο Αντώνης. Εγώ σου λέγω για βόλους! Στους βόλους τα βγάζει πέρα μαζί μου;

— Και στους βόλους σε κερδίζει η Πουλουδιά!

— Ποτέ!

— Ναι, σε κέρδισε μια μέρα, εγώ το θυμούμαι!

— Λες ανοησίες!

— Σε κέρδισε μια μέρα!

— Και πρώτον η Πουλουδιά δεν έχει βόλους! Πώς με κέρδισε; Με τι;

— Ο Στάμος της είχε δώσει βόλους!

— Ο Στάμος; Θυμάσai συ τώρα τι έκανε στην Αλεξάνδρεια ο Στάμος!

— Ναι, εγώ θυμούμαι. Εσύ κάνεις πως ξέχασες. Εσύ έπαιζες με την Αλεξάνδρα κι εκείνη εναντίον σου με τον Στάμο.

— Ο Στάμος κέρδισε κείνη τη μέρα, όχι η Πουλουδιά!

— Ναι, η Πουλουδιά! Εγώ το θυμούμαι! Το είπε και ο Στάμος!

— Και συ λες ό,τι ακούσεις, σαν παπαγάλος!

— Και συ λες ψέματα...

— Αλέξανδρε! φώναξε τρομαγμένη η Αλεξάνδρα.

Πιο μεγάλη προσβολή δεν μπορούσε να γίνει του Αντώνη, παρά να του πουν πως λέει «ανακρίβειες». Τη λέξη όμως «ψέματα» κανένα απ' τ' αδέλφια δεν είχε τολμήσει ποτέ να την ξεστομίσει. Θα έπεφτε τώρα ξύλο;

Σφίγγοντας φούχτες και δόντια, κατακόκκινος, είπε ο Αντώνης:

— Είσαι μικρός και δε σε δέρνω! Μα στάσου να έλθει η μαμά, να μάθει πως είπες «Βρε συ» στον αξιωματικό, και βλέπεις εσύ!

Ο Αλέξανδρος αναλύθηκε πάλι στα κλάματα.

— Μην το πεις! παρακάλεσε.

— Όχι, τι; Να λες έτσι, πως λέγω εγώ ψέματα; Και σα μάθει η μαμά πως λες αυτή τη λέξη...

— Που δε θέλει ο πατέρας ούτε να περνά το στόμα μας! πρόσθεσε αυστηρά η Αλεξάνδρα.

— Και πως μου την είπες εμένα... εμένα! επανέλαβε ο Αντώνης. Να δεις! Να δεις τι θα πάθεις, κι εσύ και η Πουλουδιά, που είπε μουντζούρα και παλιόχαρτο την ελληνική σημαία!

(Το απόσπασμα αντλήθηκε από www.openbook.gr)

Ερωτήσεις

1. Να κυκλώσετε τη σωστή απάντηση που μπορεί να είναι περισσότερες από μία με βάση το κείμενο.

1. Ο Αλέξανδρος

α. άφησε σκόρπιους τους στρατιώτες του
β. μάζευε τους στρατιώτες του
γ. τους έβαζε στο κουτί
δ. τους κατέστρεψε

2. Η Πουλουδιά

α. βοήθησε τον Αλέξανδρο να κερδίσει
β. ναι μεν τον βοήθησε, αλλά έχασε
γ. δεν τον βοήθησε καθόλου
δ. δεν έδωσε σημασία στο παιχνίδι

3. Ο Αλέξανδρος

α. κορόιδευε τον Αντώνη πως έχανε συνεχώς από την Πουλουδιά
β. δε μίλησε καθόλου με τον Αντώνη
γ. είπε τον Αντώνη ψεύτη
δ. έβαλε τα κλάματα, γιατί φοβήθηκε μην τον μαλώσει η μαμά του

4. Ο Αντώνης

α. δε θύμωσε με τον Αλέξανδρο
β. θύμωσε πολύ μαζί του
γ. θύμωσε που τον είπε ψεύτη
δ. απείλησε τον Αλέξανδρο και την Πουλουδιά να τα πει όλα στους γονείς τους

2. Να πείτε προφορικά μέσα στην τάξη το περιεχόμενο του αποσπάσματος.

3. Να διαβάσετε το απόσπασμα μέσα στην τάξη και να μοιράσετε τους αντίστοιχους ρόλους.

4. Πιστεύετε πως είναι φυσιολογικοί οι καβγάδες ανάμεσα στα αδέρφια; Θεωρείτε πως ο Αντώνης δικαιολογημένα θύμωσε όταν τον αποκάλεσε ψεύτη ο Αλέξανδρος;

Β. Οδυσσέας Ελύτης

Ο **Οδυσσέας Ελύτης** είναι από τους μεγαλύτερους Έλληνες ποιητές. Γεννήθηκε στην Κρήτη το 1911 και έζησε στην Αθήνα, όπου σπούδασε στη Νομική Σχολή. Το ποιητικό του έργο είναι πολύ μεγάλο και σημαντικό. Τιμήθηκε με το βραβείο Νόμπελ Λογοτεχνίας το 1979. Το παρακάτω ποίημα αναφέρεται στην αδερφή του ποιητή, την οποία έχασε όταν ο ίδιος ήταν 7 χρονών.

Οδυσσέας Ελύτης

Η ποδηλάτισσα

Το δρόμο πλάι στη θάλασσα
περπάτησα που `κανε κάθε
μέρα η ποδηλάτισσα.

Βρήκα τα φρούτα που `χε
στο πανέρι της, το δαχτυλίδι
που `πεσε απ' το χέρι της.

Βρήκα το κουδουνάκι και το
σάλι της, τις ρόδες,
το τιμόνι, το πεντάλι της.

Τη ζώνη της, τη βρήκα σε
μιαν άκρη, μια πέτρα διάφανη
που `μοιαζε με δάκρυ.

Τα μάζεψα ένα ένα και τα
κράτησα κι έλεγα πού `ναι
πού `ναι η ποδηλάτισσα.

Την είδα να περνά πάνω
απ' τα κύματα, την άλλη μέρα
πάνω από τα μνήματα.

Την τρίτη νύχτωσ' έχασα
τ' αχνάρια της, στους ουρανούς
άναψαν τα φανάρια της.

Ερωτήσεις

1. Διαβάστε το ποίημα μέσα στην τάξη.

2. Ποιο πρόσωπο ψάχνει ο ποιητής και τι σχέση έχει με τον τίτλο του ποιήματος;

3. Να σημειώσετε όλα τα ρήματα που βρίσκονται σε πρώτο πρόσωπο και δείχνουν πως ο ποιητής είναι ο πρωταγωνιστής.

4. Τι πιστεύετε πως συνέβη στο τέλος του ποιήματος;

5. Να μετατρέψετε το ποίημα σε πεζό κείμενο (π.χ. Ο ποιητής περπάτησε το δρόμο πλάι στη θάλασσα...κλπ.).

Γ. Δημοτική ποίηση

Στη δημοτική ποίηση ή αλλιώς δημοτικά τραγούδια, ανήκουν τα ποιήματα-τραγούδια που δημιουργήθηκαν από το λαό και όχι από κάποιο συγκεκριμένο πρόσωπο. Τα χωρίζουμε ανάλογα με το περιεχόμενό τους σε ιστορικά, νανουρίσματα, του γάμου, της ξενιτιάς, μοιρολόγια, της αγάπης, κλπ. Το ακόλουθο απόσπασμα από το δημοτικό ποίημα είναι από τα πιο γνωστά. Αφηγείται την ιστορία του γεφυριού της Άρτας που τη μέρα το χτίζανε, αλλά το βράδυ γκρεμιζόταν.

Του γεφυριού της Άρτας

Σαράντα πέντε μάστορες και εξήντα μαθητές
γεφύρι χτίζανε στης Άρτας το ποτάμι.
Όλη μέρα το χτίζανε, το βράδυ γκρεμιζόταν

Μοιρολογούν οι μάστορες και κλαίνε οι μαθητές.
«Αλίμονο στους κόπους μας, και κρίμα στη δουλειά μας,
όλη μέρα να χτίζουμε, το βράδυ να γκρεμίζεται».
Πουλάκι πέρασε και κάθισε απέναντι απ' το ποτάμι,
δεν κελαηδούσε σαν πουλί, ούτε σαν χελιδόνι,
παρά λαλούσε κι έλεγε με ανθρώπινη φωνή.
«Αν δεν στοιχειώσετε άνθρωπο, γεφύρι δε χτίζεται.
Και μη στοιχειώσετε ορφανό, ούτε ξένο, ούτε περαστικό,
αλλά του αρχιμάστορα την όμορφη γυναίκα,
που έρχεται το ξημέρωμα και φεύγει μεσημέρι».

Το άκουσε ο αρχιμάστορας και στέλνει μήνυμα στη γυναίκα του
με το αηδόνι,
αργά να ντυθεί, αργά να αλλάξει, αργά να φέρει το μεσημεριανό,
αργά να πάει και να περάσει της Άρτας το γεφύρι.
Όμως το πουλί παράκουσε και πήγε και είπε άλλα.
«Γρήγορα ντύσου, άλλαξε, γρήγορα να πας το μεσημεριανό,
γρήγορα να περάσεις της Άρτας το γεφύρι».

Να την και ξαναφάνηκε από τον άσπρο δρόμο,
Την είδε ο αρχιμάστορας και σπάραξε η καρδιά του.
Από μακριά τους χαιρετά κι από κοντά τους λέει.
«Γεια και χαρά σας μάστορες κι εσείς οι μαθητές,
μα τι έχει ο αρχιμάστορας κι είναι στενοχωρημένος;
«Το δαχτυλίδι έπεσε στην πρώτη καμάρα,
Και ποιος να μπει και ποιος να βγει το δαχτυλίδι να βρει;».
«Μάστορα, μην πικραίνεσαι κι εγώ πάω να στο φέρω,
Εγώ να μπω, κι εγώ να βγω, το δαχτυλίδι να βρω».

(απόσπασμα ελεύθερα διασκευασμένο στη Νέα Ελληνική. Επιμέλεια
διασκευής, Σ. Δημοπούλου)

Ερωτήσεις

1. Να εξηγήσετε προφορικά το νόημα του ποιήματος και πώς καταλάβατε την ιστορία.
2. Να βρείτε τις εικόνες μέσα στο κείμενο, αλλά και τα στοιχεία της φύσης που παίρνουν ανθρώπινη μορφή.
3. Πώς φαντάζεστε το τέλος της ιστορίας του γεφυριού; Πώς μπορεί να συνεχιστεί το ποίημα; Να το γράψετε είτε σε μορφή ποιήματος, είτε ιστορίας.
4. Να αναζητήσετε το ποίημα στο διαδίκτυο, να διαβάσετε τη συνέχεια και να το παρουσιάσετε μέσα στην τάξη.

Γλωσσικές ασκήσεις

1. Να βάλετε τα ρήματα στο σωστό πρόσωπο και χρόνο της Υποτακτικής και Προστακτικής (για τις εγκλίσεις, βλέπε σελ. 148).

α. .... (ετοιμάζομαι) γρήγορα να φύγουμε!

β. .... (πηγαίνω) σας παρακαλώ, μου είπε ο διευθυντής.

γ. Η πρόεδρος είπε στα μέλη του συλλόγου: «Σας παρακαλώ .... (αποχωρώ) από την αίθουσα.

δ. Ας .... (καθαρίζω) όλοι μαζί το σπίτι σήμερα!

ε. .... (λέω) άφοβα τη γνώμη σας.

στ. «........................... (προχωρώ) στο επόμενο κεφάλαιο», είπε η καθηγήτρια στους φοιτητές.

ζ. Μην .... (ανακατεύομαι) σε ζητήματα που δε σε αφορούν.

η. «Να .... (τρώω) όλο το φαγητό σας» είπε η μητέρα.

θ. «....................... (έρχομαι) μέσα», είπε ο γιατρός στην ασθενή.

ι. Ο πυροσβέστης συμβούλευσε τους κατοίκους .... (απομακρύνομαι) από την περιοχή τους λόγω της πυρκαγιάς που ξέσπασε.

ια. «Ας .... (προσεύχομαι) όλοι μαζί για τους σεισμόπληκτους», είπε η δασκάλα στα παιδιά.

ιβ. Μην .... (πίνω) ακόμη τον καφέ σου. Περίμενε να βάλω ζάχαρη.

ιγ. ...., ... και .... γρήγορα! (πλένομαι, ντύνομαι, χτενίζομαι).

ιδ. Τον παρακάλεσε .... (αποφεύγω) τον καβγά με την αδερφή του.

ιε. Παρακαλώ, ... (ακολουθώ) πιστά τις οδηγίες χρήσης, ώστε .... (είμαι) σίγουροι ότι θα λειτουργήσει σωστά.

ιστ. Μην .... (πετάω) σκουπίδια έξω από το κτίριο.

2. Να βάλετε τα παρακάτω ρήματα στον Αόριστο. Προσοχή στην ορθογραφία! (για τους χρόνους των ρημάτων, βλέπε σελ. 145).

α. Μου .... (ζητάω) να πάμε μια βόλτα.

β. Μόλις ....(μπαίνω) στο σπίτι, ... (αρχίζω) να συμμαζεύει το δωμάτιό της.

γ. Με .... (αφήνω) να πιστεύω ότι μου .... (λέω) την αλήθεια.

δ. Μας .... (ανακοινώνω) την παραίτησή του από το προεδρείο.

ε. Δέκα φορές .... (ανεβαίνω) και .... (κατεβαίνω) τα σκαλιά σήμερα Στέλλα!

στ. Τις .... (ρωτάω) αν .... (πίνω) το χυμό τους.

ζ. Την .... (βλέπω) να βγαίνει από την τράπεζα και .... (πηγαίνω) και της .... (μιλάω).

η. Προχθές .... (έρχομαι) η μητέρα μου στο σχολείο.

θ. .... (φεύγω) για μια πενθήμερη εκδρομή με το σχολείο (εμείς).

ι. Χθες, μόλις .... (απλώνω) τα ρούχα, ... (αρχίζω) να βρέχει.

3. Να βάλετε τα παρακάτω ρήματα στον στιγμιαίο και εξακολουθητικό Μέλλοντα.

α. Ο Άλκης από εδώ και στο εξής καθημερινά .... (γυμνάζομαι) και .... (τρέφομαι) σωστά.
β. .... (μένω) σπίτι απόψε. Δεν έχω όρεξη να βγω.
γ. .... (έρχομαι) κάθε μέρα για φαγητό.
δ. Οι ορειβάτες .... (περπατάω) μέχρι το χωριό και μετά .... (ανεβαίνω) ως την κορυφή του βουνού.
ε. Από εδώ και πέρα .... (μαγειρεύω) πιο υγιεινά.
στ. .... (ετοιμάζομαι) πολύ γρήγορα, για να προλάβουμε ανοιχτά τα μαγαζιά.
ζ. Ο υπουργός Οικονομικών .... (αναγκάζομαι) να δεχτεί τα αιτήματα των εργαζομένων.
η. Το τρένο καθημερινά, εκτός Σαββατοκύριακου, ... (αναχωρώ) για την Αθήνα στις 07.00 το πρωί.
θ. .... (γράφομαι) στο κολυμβητήριο, γιατί μου αρέσει η κολύμβηση.
ι. Η διευθύντρια .... (βρίσκομαι) στο γραφείο της από τις 09.00 το πρωί ως τη 13.00 το μεσημέρι.

Τα ζώα πρωταγωνιστούν

Τι μας λένε τα βιβλία;

Μόγλης. Το βιβλίο της Ζούγκλας

Στο βιβλίο αυτό, ο Μόγλης, ένα μικρό αγόρι από την Ινδία, χάνεται βαθιά μέσα στη ζούγκλα. Εκεί τον βρίσκει και τον μεγαλώνει μια αγέλη λύκων. Κοντά του είναι πάντα, αχώριστοι φίλοι, ο πάνθηρας Μπαγκίρα και ο δάσκαλός του, ο αρκούδος Μπαλού, που του μαθαίνουν τα μυστικά της άγριας φύσης και τον προστατεύουν από τους εχθρούς του, κυρίως από τον τίγρη, Σιρ Χαν. Ο Μόγλης αναγκάζεται να εγκαταλείψει το μοναδικό μέρος που θεωρεί σπίτι του και ξεκινάει ένα συναρπαστικό ταξίδι για να γνωρίσει τους ανθρώπους.

Ο μικρός Πρίγκηπας

Στο βιβλίο αυτό, που είναι παγκοσμίως γνωστό, ο αφηγητής πέφτει μετά από βλάβη με το αεροπλάνο του στην έρημο Σαχάρα. Εκεί συναντά τον Μικρό Πρίγκηπα, ένα παιδί που του μιλάει για τα ταξίδια του στους πλανήτες, τη γνωριμία του με τη Γη, τα ζώα, τους ανθρώπους και το μοναδικό του τριαντάφυλλο. Ας διαβάσουμε το απόσπασμα, στο οποίο ο Πρίγκηπας συναντιέται με την αλεπού.

- Καλημέρα, είπε η αλεπού.
- Καλημέρα, αποκρίθηκε ευγενικά ο μικρός πρίγκιπας και γύρισε, μα δεν είδε τίποτα.
- Εδώ είμαι, είπε μια φωνή, κάτω από τη μηλιά...
- Ποια είσαι;, είπε ο μικρός πρίγκιπας. Μου φαίνεσαι πολύ όμορφη...
- Είμαι μια αλεπού, είπε η αλεπού.
- Έλα να παίξεις μαζί μου, της πρότεινε ο μικρός πρίγκιπας. Είμαι τόσο λυπημένος...
- Δεν μπορώ να παίξω μαζί σου, είπε η αλεπού. Δε μ' έχουν ημερώσει.

- Α! με συγχωρείς, έκανε ο μικρός πρίγκιπας.

Το σκέφτηκε όμως και πρόσθεσε:

- Τι πάει να πει «ημερώσει»;

- Εσύ δεν είσαι αποδώ, είπε η αλεπού, τι γυρεύεις;

- Γυρεύω τους ανθρώπους, είπε ο μικρός πρίγκιπας. Τι πάει να πει «ημερώσει»;

- Οι άνθρωποι, είπε η αλεπού, έχουν τουφέκια και κυνηγούνε. Μεγάλος μπελάς! Ανατρέφουν όμως και κότες. Αυτό είναι το μόνο τους όφελος. Κότες γυρεύεις;

- Όχι, είπε ο μικρός πρίγκιπας. Γυρεύω φίλους. Τι πάει να πει «ημερώσει»;

- Είναι κάτι που παραμελήθηκε πολύ, είπε η αλεπού. Σημαίνει «να δημιουργείς δεσμούς...».

- Να δημιουργείς δεσμούς;

- Βέβαια, είπε η αλεπού. Για μένα, ακόμα δεν είσαι παρά ένα αγοράκι εντελώς όμοιο μ' άλλα εκατό χιλιάδες αγοράκια. Και δε σ' έχω ανάγκη. Μήτε κι εσύ μ' έχεις ανάγκη. Για σένα, δεν είμαι παρά μια αλεπού όμοια μ' εκατό χιλιάδες αλεπούδες. Αν όμως με ημερώσεις, ο ένας θα έχει την ανάγκη του άλλου. Για μένα εσύ θα είσαι μοναδικός στον κόσμο. Για σένα εγώ θα είμαι μοναδική στον κόσμο...

Ο Ασπροδόντης

Ο Ασπροδόντης αφηγείται την ιστορία από ένα γκρίζο λυκάκι που γεννήθηκε σε μια σπηλιά στα παγωμένα δάση του Βορρά. Ωστόσο, καταφέρνει να επιβιώσει, μαθαίνει να κυνηγά για την τροφή του και να αντιμετωπίζει τους κινδύνους της άγριας φύσης. Ο Ασπροδόντης, όμως, πέφτει στα χέρια κάποιων σκληρών ανθρώπων που τον αναγκάζουν να σέρνει έλκηθρα και να συμμετέχει σε επικίνδυνες μάχες με άλλα σκυλιά. Το άγριο αυτό πλάσμα την αγάπη ως τότε δεν την είχε γνωρίσει. Μέχρι τη στιγμή που συναντά τον Σκοτ, τον νεαρό άντρα που καταφέρνει να ημερώσει την ψυχή του, προσφέροντάς του αγάπη και τρυφερότητα.

Ερωτήσεις

1. Ποιο από τα παραπάνω βιβλία γνωρίζετε; Έχετε διαβάσει κάποιο από αυτά, ή παρακολουθήσατε την ιστορία τους στον κινηματογράφο; Να αναφερθείτε στην εμπειρία σας προφορικά.

2. Ποια από τις τρεις ιστορίες σας φαίνεται πιο ενδιαφέρουσα και γιατί;

3. Στην ιστορία του Μικρού Πρίγκηπα και του Ασπροδόντη αναφέρεται η εξημέρωση των άγριων ζώων. Πώς καταλαβαίνετε αυτή την έννοια;

4. Να γράψετε ένα κείμενο με βάση τις παραπάνω ιστορίες, στο οποίο θα αναφερθείτε στη σχέση ανθρώπου και ζώου. Πώς την καταλαβαίνετε; Πιστεύετε πως είναι σημαντική και αν ναι γιατί;

Κείμενο

Τσίρκο ναι, αλλά χωρίς ζώα!

(pixabay.com)

Το τσίρκο θεωρείται για μικρούς και μεγάλους διασκεδαστικό, αφού υπάρχουν πολλά και διαφορετικά είδη με ή χωρίς ζώα. Πόσο όμως μας αρέσει να βλέπουμε τα ζώα να βασανίζονται; Είναι σωστό να ταλαιπωρούνται και να μη βρίσκονται στο φυσικό τους περιβάλλον;

Το τσίρκο είναι πράγματι ένας τρόπος διασκέδασης, αλλά καλό είναι το θέαμα που προσφέρεται να μην περιλαμβάνει ζώα. Μόνο με ακροβάτες, ταχυδακτυλουργούς και μάγους μπορεί κανείς να περάσει ένα πολύ όμορφο απόγευμα. Δε χρειάζεται να βλέπουμε ανθρώπους να μπαίνουν στο στόμα μιας τίγρης ή λιονταριού, δε χρειάζεται να βλέπουμε ελέφαντες ή άλογα και μαϊμούδες να τρέχουν και να κάνουν αστεία για να γελάμε εμείς. Δεν είναι αυτός ο ρόλος των ζώων, ούτε είναι αυτό το φυσικό τους περιβάλλον.

Ήδη σε πολλές χώρες του κόσμου έχουν απαγορευθεί τα τσίρκο με ζώα, γιατί και τα βασανίζουν και δε σέβονται τα δικαιώματά τους. Γιατί και αυτά έχουν δικαιώματα, όπως ακριβώς οι άνθρωποι. Την επόμενη φορά λοιπόν που θα αποφασίσουμε να πάμε στο τσίρκο, ας προτιμήσουμε να μην έχει ζώα!

(επιμέλεια κειμένου, Σ. Δημοπούλου)

Ερωτήσεις

1. Να γράψετε με δικά σας λόγια σε τι αναφέρεται το κείμενο.

2. Ποια είναι η δική σας γνώμη για το τσίρκο με ζώα; Έχετε παρακολουθήσει ποτέ μια τέτοια παράσταση και αν ναι, πώς σας φάνηκε;

3. Γράψτε τη γνώμη σας σχετικά με το ζωολογικό κήπο. Πιστεύετε πως οι ζωολογικοί κήποι είναι φυλακή για τα ζώα, ή τα προστατεύουν; Γράψτε για την εμπειρία σας για μια επίσκεψη που έχετε κάνει εκεί.

4. Να σημειώσετε τα ρήματα που υπάρχουν στο κείμενο και να τα βάλετε στο πρώτο πρόσωπο (π.χ. βασανίζονται → βασανίζομαι).

5. Ζωγραφίστε μία αφίσα εκστρατείας κατά του βασανισμού των ζώων και δείξτε την μέσα στην τάξη.

Κείμενο

Γιατί να υπάρχουν αδέσποτα ζώα;

(pixabay.com)

Οι παραπάνω εικόνες δείχνουν την πραγματικότητα σε πολλές ευρωπαϊκές χώρες, ανάμεσά τους βρίσκεται και η Ελλάδα. Δυστυχώς στη χώρα μας υπάρχουν πολλά αδέσποτα σκυλιά και γάτες που ζουν στο δρόμο. Τα ζώα αυτά ονομάζονται αδέσποτα, γιατί δε ζουν σε σπίτι, ούτε έχουν μια οικογένεια να τα φροντίζει. Συχνά οι άνθρωποι τα αγνοούν, τα προσπερνούν ή ακόμη τα βασανίζουν και τα διώχνουν χωρίς λόγο.

Τα τελευταία χρόνια βέβαια έχουν δημιουργηθεί φιλοζωικές οργανώσεις που σκοπό έχουν να προστατεύσουν τα ζώα αυτά, να τους παρέχουν τροφή, στέγη, φάρμακα. Το γεγονός πως δε μιλάνε τα ζώα, δε σημαίνει πως δεν έχουν φωνή. Έχουν αισθήματα, αγαπάνε χωρίς αντάλλαγμα και το μόνο που θέλουν είναι φαγητό, νερό και ένα ανθρώπινο χάδι. Ακόμη και αν δε θέλουμε να μας πλησιάζουν, ας μη τα βασανίζουμε. Εξάλλου, ούτε εμείς θα θέλαμε να μας βασανίζουν και να μας αφήνουν χωρίς φαγητό και νερό. Γιατί να το κάνουμε στα ζώα;

Πώς μπορούμε λοιπόν να βοηθήσουμε τα αδέσποτα; Ας σκεφτούμε και ας συμπληρώσουμε τον παρακάτω πίνακα μόνοι μας:

Όταν βλέπουμε στο δρόμο ένα αδέσποτο ζωάκι,

-
-
-
-
-
-
-
-
-
-

Φτιάξτε τώρα μια αφίσα υπέρ της προστασίας των αδέσποτων σε μια ομαδική εργασία και παρουσιάστε την στην τάξη!

Παραγωγή γραπτού λόγου

1. Στην πόλη σας κυκλοφορούν πολλά αδέσποτα ζώα και ο δήμος δεν ενδιαφέρεται γι' αυτό. Στέλνετε ένα ηλεκτρονικό μήνυμα (email) στον δήμαρχο για να εκφράσετε τα παράπονά σας και να προτείνετε λύσεις στο πρόβλημα. Το κείμενό σας δε θα ξεπερνά τις 120 λέξεις.

2. Στο σχολείο σας γίνεται μια εκδήλωση με θέμα την προστασία των ζώων. Παίρνετε μέρος και εσείς. Γράψτε τι σκοπεύετε να παρουσιάσετε, τι μέσα θα χρησιμοποιήσετε (π.χ. αφίσα, βίντεο, συνεντεύξεις) και με ποιο τρόπο θα παρουσιάσετε το θέμα σας. Το κείμενό σας δε θα ξεπερνά τις 120 με 150 λέξεις.

Γλωσσικές ασκήσεις

1. Να συμπληρώσετε το δεύτερο μέρος της πρότασης όπως εσείς θέλετε, χρησιμοποιώντας τους ακόλουθους συνδέσμους: **για να, ώστε, όταν, επειδή, αν, αν και, να, ότι.**

α. Ήταν τόση η αγάπη του για τα ζώα, ...

β. Ο διευθυντής του σχολείου έλεγε ....

γ. Ακολουθήσαμε το απότομο μονοπάτι, ...

δ. Έπρεπε να με είχες ακούσει, ...

ε. Συνεχώς μου κάνει παρατηρήσεις το αφεντικό μου, ...

στ. Επιθυμούσε ολόψυχα ....

ζ. Θα μπορούσαμε να συμφωνήσουμε, ...

η. Μου αρέσει πολύ να τραγουδάω, ...

2. Να συμπληρώσετε το πρώτο μέρος της πρότασης όπως εσείς θέλετε, χρησιμοποιώντας τους ακόλουθους συνδέσμους: **όποτε, αν, μόλις, και αν, καθώς, επειδή, όταν, πριν.**

α. ...., ακολούθησε το επάγγελμα του ζαχαροπλάστη.

β. ...., μπορούμε να συναντηθούμε.

γ. ...., εγώ θα εξακολουθώ να σε στηρίζω.

δ. .... πρέπει να έχω φύγει, για να μη με πιάσει η ζέστη.

ε. ...., θα αναγκαστώ να αποχωρήσω από τη συνέλευση.

στ. ...., τον διέκοπταν συνεχώς.

ζ. ...., τότε αποκτάς πολλούς φίλους.

η. ...., πήγε αμέσως να συναντήσει την παρέα του.

3. Να χρησιμοποιήσετε Προστακτική στις παρακάτω προτάσεις βάζοντας το σωστό πρόσωπο. Προσοχή στην ορθογραφία!

α. .... (κάνω) αυτό που σου λέω!

β. .... (βγαίνω) έξω αμέσως, είπε η δασκάλα στα παιδιά.

γ. .... (περνάω) μέσα κυρία Παπαδοπούλου παρακαλώ.

δ. .... (ανεβαίνω) αμέσως επάνω!

ε. .... (πίνω) γρήγορα το γάλα σας!

στ. .... (τρώω) γρήγορα, για να προλάβεις το λεωφορείο.

ζ. .... (περιγράφω) την εικόνα σε 50 λέξεις.

η. .... (απαντάω) Μιχάλη στην ερώτηση που σου έκανα.

θ. .... (τρέχω) να προλάβετε τα μαγαζιά! Κλείνουν σε λίγο.

ι. .... (μιλάω) επιτέλους για το τι ακριβώς συνέβη! Μην σιωπάτε!

ια. .... (διαβάζω) προσεκτικά τις ασκήσεις και .... (λύνω) τις προσεκτικά.

Διδακτική ενότητα για το Πάσχα

Ο Κωνσταντής (διήγημα)

Μόλις το φανάρι γινόταν πράσινο και τ' αυτοκίνητα χιμούσαν, το παιδί έτρεχε στον κάθετο δρόμο. Πλησίαζε το τζάμι του οδηγού με την πραμάτεια στα χέρια του, χαρτομάντιλα, σαπούνια, στιλό, η κυρία Δέσποινα δεν μπορούσε να διακρίνει τι πουλούσε το παιδί, η απόσταση από τη διασταύρωση των φαναριών ως το ισόγειο διαμέρισμά της ήταν αρκετή. Μερικοί οδηγοί άνοιγαν το παράθυρο και του 'διναν το κατιτί τους κι αμέσως έκλειναν το τζάμι βιαστικά για να γλιτώσουν από την ενοχλητική παρουσία του αγοριού παρά για ν' αποφύγουν τη σιγανή βροχή που έπεφτε από το πρωί.

Το παιδί κοιτούσε λαίμαργα τις σακούλες των σούπερ μάρκετ στα πίσω καθίσματα, τα κουτιά με τα παιχνίδια, τα κόκκινα βελουδένια αβγά, τα σοκολατένια λαγουδάκια κι αυτό το βλέμμα προξενούσε αμηχανία και δυσαρέσκεια στους οδηγούς.

Μεγάλο Σάββατο, κρύο και βροχερό, κι η κυρία Δέσποινα ξεχνούσε τη μοναξιά της κοιτώντας την κίνηση του δρόμου. Το αγόρι ήταν καινούριο στην πιάτσα των φαναριών, ως χθες ζητιάνευαν τσιγγάνες με μωρά στην αγκαλιά. Ξανθούλικο και λιγνό, φορούσε μπλουζάκι καλοκαιρινό, Αλβανάκι θα ήταν σίγουρα, κοντά στα δώδεκα.

Βράδιασε, άναψαν τα φώτα, το κρύο κι η βροχή δυνάμωσαν, αραίωσε κι η κίνηση στους δρόμους. Το αγόρι μάζεψε την πραμάτεια του και πήρε την οδό Αγίου Δημητρίου. Όταν έφτασε στον αριθμό 12 χώθηκε στην είσοδο της πολυκατοικίας για να προφυλαχτεί από τη δυνατή βροχή.

Η κυρία Δέσποινα άνοιξε την πόρτα του ισογείου και είδε το αγόρι να κάθεται στα σκαλιά — μετρούσε την είσπραξη της μέρας, πενηντάρικα και λίγα κατοστάρικα. Η καρδιά της λαχτάρησε. Το παιδί ήταν ίδιος ο Αντωνάκης, ο εγγονός της. Είχε τα ίδια ξανθά μαλλιά, τα ίδια καταγάλανα μάτια, μόνο το πρόσωπό του ήταν αδύνατο και κακοπαθημένο, του Αντωνάκη δεν του έλειπε τίποτα εκεί πέρα στην πλούσια Βαλτιμόρη που ζούσε με τους γονείς του.

— Έλα μέσα να ζεσταθείς..., του είπε η γυναίκα.
Το παιδί την κοίταξε καχύποπτα και ψυχρά, ποιος ξέρει τι είχαν δει τα μάτια του ολημερίς στο δρόμο και πόσα είχε διδαχτεί από τη «φιλανθρωπία» των ανθρώπων. Θες όμως το καλοσυνάτο πρόσωπο της κυρίας Δέσποινας, η μυρωδιά της μαγειρίτσας, αλλά κυρίως η ζεστασιά που έβγαινε από το διαμέρισμα παραμέρισαν τους φόβους και τους δισταγμούς του.

— Πώς σε λένε;, το ρώτησε.
— Κώτσο, δηλαδή Κωνσταντή...
— Κι από πού είσαι, Κωνσταντή;
— Από την Αλβανία, από το Μπεράτι...
— Κι οι γονείς σου;
— Τους μάζεψαν την περασμένη βδομάδα οι κλούβες της Αστυνομίας και τους έστειλαν πίσω στην Αλβανία.
— Κι εσύ πού μένεις τώρα;
— Όπου να 'ναι... Στις οικοδομές, στα παγκάκια του Ηλεκτρικού...
— Πεινάς;
— Έφαγα ένα κουλούρι το πρωί αλλά τώρα πεινάω...
— Πήγαινε στο μπάνιο να πλυθείς, θα σου φέρω ρούχα ν' αλλάξεις κι ύστερα θα σου βάλω να φας...

Άνοιξε η κυρία Δέσποινα την ντουλάπα και βρήκε εσώρουχα, μια αθλητική φόρμα, παπούτσια. Ο Αντωνάκης σε κάθε ταξίδι άφηνε στο σπίτι της γιαγιάς όσα ρούχα δε χωρούσαν στις βαλίτσες του. Ύστερα, η γυναίκα έφερε στο τραπέζι ψωμί, χαλβά, ελιές, ταραμοσαλάτα, φρούτα.

Ο Κωνσταντής, αφού πλύθηκε, ντύθηκε, κάθισε στο τραπέζι και δεν άφησε ούτε ψίχουλο. Χορτασμένος και ζεσταμένος βολεύτηκε στον καναπέ, μπροστά στην ανοιχτή τηλεόραση. Νανουρισμένος από τη μουσική έγειρε στα μαξιλάρια και τον πήρε ο ύπνος. Σε λίγο χτύπησε η καμπάνα της εκκλησίας. Η κυρία Δέσποινα πήρε τη λαμπάδα της κι έκλεισε πίσω της την πόρτα σιγανά για να μην ξυπνήσει τον Κωνσταντή. Η βροχή είχε σταματήσει, το φεγγάρι, ασημένιο, κυνηγιόταν με τα σύννεφα στον ουρανό.

— Χριστός Ανέστη…. έψαλε ο παπάς κι η κυρία Δέσποινα για πρώτη φορά δεν κάθισε ως το τέλος της λειτουργίας. Βιαζόταν να γυρίσει σπίτι της, να τσουγκρίσει τα κόκκινα αυγά με τον Κωνσταντή, να φάνε μαζί τη μαγειρίτσα…

(Λίτσα Ψαραύτη, Η εκδίκηση των μανιταριών, Άγκυρα)

Ερωτήσεις

1. Να γράψετε με δικά σας λόγια την ιστορία που διαβάσατε.

2. Πώς σας φαίνεται η κίνηση της κυρίας Δέσποινας να φιλοξενήσει τον μικρό Κωνσταντή; Τι κοινό έχουν τα δύο πρόσωπα;

3. Πώς συνδέεται η Ανάσταση με την πράξη της κυρίας Δέσποινας και την αγάπη για τον συνάνθρωπο;

4. Να συμπληρώσετε με λέξεις από το κείμενο το παρακάτω απόσπασμα:

Όταν το ……………….. γινόταν πράσινο, το παιδί έτρεχε στο δρόμο. ………………. την πραμάτεια του και η κυρία Δέσποινα, που έμενε σε ένα ισόγειο …………………… παρατηρούσε το μικρό ……………….

Κάποιοι ………………….. άνοιγαν το τζάμι και του έδιναν κάτι, κάποιοι άλλοι όχι. Ήταν Μεγάλο ………………… και η κυρία Δέσποινα προσπαθούσε να ξεχάσει τη ………………….. της κοιτώντας από το τζάμι του σπιτιού της στο δρόμο. Το παιδί ήταν καινούριο στη γειτονιά. Μόλις ………………., μπήκε το παιδί στην είσοδο της πολυκατοικίας και μετρούσε τα χρήματα που έβγαλε. Η κυρία Δέσποινα μόλις ……………… την πόρτα του σπιτιού της και είδε το παιδί, η καρδιά της ……………………… Θυμήθηκε τον ………………… της που ζούσε στην Αμερική και ήταν ολόιδιος με το παιδί των φαναριών. Του είπε να …………. μέσα να ζεσταθεί και ο μικρός στην αρχή την ………………… καχύποπτα. Τελικά μπήκε στο διαμέρισμά της και η κυρία Δέσποινα ……………….. την ντουλάπα της και βρήκε καθαρά ρούχα για τον Κωνσταντή. Ο Κωνσταντής ………………, ………………….. και κάθισε στο τραπέζι να φάει. Όπως ήταν κουρασμένος, τον πήρε ο ……………… στον καναπέ. Η κυρία Δέσποινα, μόλις άκουσε την ………………… της εκκλησίας, πήρε τη λαμπάδα της και έφυγε. Βιαζόταν όμως να γυρίσει στο σπίτι μόλις ο παπάς είπε το ………………………….., για να ……………………… αβγά με τον Κωνσταντή και να ………….. τη μαγειρίτσα.

ΜΕΡΟΣ ΔΕΥΤΕΡΟ

ΕΛΛΗΝΙΚΟΣ ΠΟΛΙΤΙΣΜΟΣ

Μνημεία και ιστορία

Ο Παρθενώνας

(www.users.sch.gr)

Ο Παρθενώνας είναι ένας αρχαίος ελληνικός ναός, χτισμένος στην Ακρόπολη της Αθήνας, ο οποίος ήταν αφιερωμένος στη θεά Αθηνά που προστάτευε την πόλη.

Τρισδιάστατη απεικόνιση του Παρθενώνα

Ο Παρθενώνας ήταν κατασκευασμένος με μάρμαρο της Πεντέλης και άρχισε να χτίζεται το 447 π. Χ. (προ Χριστού) την εποχή του πολιτικού Περικλή. Οι αρχιτέκτονες του Παρθενώνα ήταν ο Ικτίνος και ο Καλλικράτης, ενώ υπεύθυνος για τον γλυπτό διάκοσμο και γενικός επιστάτης του έργου ήταν ο φημισμένος γλύπτης Φειδίας.

Η διακόσμηση του ναού είναι μοναδική. Στα αετώματα εικονίζονται δύο βασικά επεισόδια από τη ζωή της θεάς Αθηνάς: η γέννησή της στο ανατολικό αέτωμα και η διαμάχη της με το θεό Ποσειδώνα στο δυτικό. Οι σκηνές που εικονίζονται στις μετόπες είναι οι εξής: στην ανατολική πλευρά παριστάνεται η Γιγαντομαχία, στη δυτική η Αμαζονομαχία, στη νότια η Κενταυρομαχία, ενώ στη βόρεια πλευρά τμήματα από την Άλωση της Τροίας. Στη ζωφόρο, τη ζώνη δηλαδή που περιέτρεχε όλο το ναό, παριστανόταν ένα θέμα από τη ζωή της Αθήνας, η μεγάλη γιορτή της πόλης, τα Παναθήναια.

Ο κυρίως ναός χωριζόταν σε τρία τμήματα: τον πρόναο, τον σηκό και τον οπισθόναο (το πίσω μέρος του ναού). Στον σηκό, στο εσωτερικό δηλαδή δωμάτιο του ναού, βρισκόταν το χρυσελεφάντινο λατρευτικό άγαλμα της Αθηνάς, έργο του Φειδία.

Πολλά γλυπτά του Παρθενώνα βρίσκονται στο Νέο Μουσείο Ακροπόλεως στην Αθήνα, ενώ αρκετά υπάρχουν στο Βρετανικό Μουσείο στο Λονδίνο, καθώς και στο Μουσείο του Λούβρου στο Παρίσι.

<u>Εργασία</u>

Συμπληρώστε τη σωστή λέξη με βάση το παραπάνω κείμενο:

α. Ο Παρθενώνας ήταν .... (μαντείο, ναός, βωμός).

β. Ο ένας από τους δύο αρχιτέκτονες ήταν ο .... (Φειδίας, Καλλικράτης, Πραξιτέλης).

γ. Μέσα στο σηκό υπήρχε .... (άγαλμα, αγγείο, τοιχογραφία).

δ. Πολλά από τα γλυπτά του Παρθενώνα κατασκεύασε ο ....
(Λύσιππος, Φειδίας, Ικτίνος).

ε. Στην ανατολική μετόπη απεικονίζεται η μάχη με ....
(τους Γίγαντες, τις Αμαζόνες, τους Τιτάνες).

στ. Η γέννηση της θεάς Αθηνάς απεικονίζεται στο ....
(δυτικό, βόρειο, ανατολικό) αέτωμα.

ζ. Η μεγαλύτερη γιορτή της Αθήνας ονομαζόταν ....
(Ελευσίνια, Παναθήναια, Ολύμπια).

η. Πολλά από τα γλυπτά του ναού βρίσκονται στο μουσείο ....
(Μονάχου, Ακροπόλεως, Θεσσαλονίκης).

Κυκλώστε με **Σωστό** ή **Λάθος** τις παρακάτω προτάσεις:

α. Ο Παρθενώνας άρχιζε να χτίζεται το 447 π.Χ.   Σ   Λ

β. Ο ναός δεν είχε σηκό   Σ   Λ

γ. Στη νότια μετόπη ήταν η Κενταυρομαχία   Σ   Λ

δ. Τα Αθήναια ήταν η μεγαλύτερη γιορτή της πόλης   Σ   Λ

ε. Το άγαλμα της Αθηνάς ήταν μέσα στο ναό   Σ   Λ

στ. Όλα τα γλυπτά βρίσκονται στο μουσείο Ακροπόλεως   Σ   Λ

ζ. Η Αμαζονομαχία δεν απεικονιζόταν στο ναό   Σ   Λ

η. Ο Ικτίνος ήταν γλύπτης   Σ   Λ

θ. Η διαμάχη της θεάς Αθηνάς με τον Ποσειδώνα

απεικονιζόταν στον Παρθενώνα   Σ   Λ

ι. Ο Καλλικράτης ήταν αρχιτέκτονας   Σ   Λ

ια. Στο Λονδίνο υπάρχουν αρκετά γλυπτά του ναού   Σ   Λ

Το Μαντείο των Δελφών

(Αρχαία Θόλος © delphi.culture.gr)

Οι Δελφοί βρίσκονται στην κεντρική Ελλάδα, στο νομό Φωκίδας. Η μυθολογία αναφέρει ότι ο Δίας αποφάσισε να ιδρύσει ένα ιερό στο κέντρο της γης. Έτσι, άφησε δύο αετούς να πετάξουν, τον έναν στην Ανατολή και τον άλλον στη Δύση. Οι αετοί λοιπόν συναντήθηκαν πάνω από τους Δελφούς, δείχνοντας με αυτό τον τρόπο ότι εκεί ήταν το κέντρο, ο ομφαλός της γης. Σύμφωνα με την παράδοση, αρχικά υπήρχε εκεί ιερό αφιερωμένο στη θεά Γη, φύλακας του οποίου ήταν ο δράκοντας Πύθων. Ο θεός Απόλλωνας σκότωσε τον Πύθωνα και ίδρυσε εκεί δικό του ιερό προς τιμή του.

Η λατρεία του θεού Απόλλωνα στους Δελφούς δεν είναι τυχαία. Ο θεός ήταν ο προστάτης της μουσικής, του φωτός και της μαντικής τέχνης. Στους Δελφούς η μάντισσα Πυθία έδινε χρησμούς μέσω του Απόλλωνα. Οι ιερείς του θεού ήταν δύο και ήταν υπεύθυνοι για τις τελετές προς τιμή του και για τις γιορτές και τους αγώνες, από τους οποίους οι σημαντικότεροι ήταν τα Πύθια.

Τα Πύθια ήταν οι δεύτεροι σημαντικότεροι μετά τα Ολύμπια πανελλήνιοι αγώνες, οι οποίοι σύμφωνα με την παράδοση καθιερώθηκαν από τον Απόλλωνα που σκότωσε τον δράκοντα Πύθωνα. Οι αγώνες ξεκίνησαν στις αρχές του 6ου αιώνα π.Χ. και γίνονταν κάθε εννέα χρόνια.

Οι ετοιμασίες για τους αγώνες ξεκινούσαν έξι μήνες πριν. Εννέα πολίτες των Δελφών, οι Θεωροί, πήγαιναν σε όλες τις ελληνικές πόλεις, όπου ανακοίνωναν την έναρξη των αγώνων, για να προσκαλέσουν αθλητές και για να κηρύξουν την Ιερομηνία, την περίοδο της Ιερής Εκεχειρίας, δηλαδή τότε σταματούσαν οι πόλεμοι. Σκοπός της εκεχειρίας ήταν όχι μόνο να προστατεύσουν τους Θεωρούς, αλλά και τους αθλητές που μετακινούνταν. Σε περίπτωση που μια πόλη είχε πόλεμο κατά τη διάρκεια αυτής της περιόδου, όχι μόνον της απαγορευόταν η είσοδος στο ιερό, αλλά και κανένας από τους πολίτες της δεν επιτρεπόταν να συμμετέχει στους αγώνες ή να ζητήσει συμβουλές από το Μαντείο.

Στους Δελφούς, εκτός από το ιερό του Απόλλωνα υπήρχε και το γυμνάσιο, που ήταν αθλητικός χώρος με παλαίστρα και λουτρό. Εκτός από αυτό, υπήρχε και η Κασταλία πηγή, από την οποία οι ταξιδιώτες έπιναν νερό για να ξεδιψάσουν, αλλά και πλένονταν για να καθαριστούν πριν μπουν στο μαντείο. Ψηλότερα από το ιερό βρίσκεται το θέατρο, στο οποίο γίνονταν οι μουσικοί αγώνες και ακόμη πιο ψηλά το στάδιο, που προοριζόταν για τους αθλητικούς αγώνες. Στους Δελφούς μπορεί επίσης κάποιος να επισκεφθεί το μουσείο και να θαυμάσει τους αρχαιολογικούς θησαυρούς της περιοχής.

Εργασία

Επιλέξτε τη σωστή απάντηση με βάση το κείμενο:

1. Οι Δελφοί βρίσκονται στο νομό:

α. Φθιώτιδας   β. Φωκίδας   γ. Αχαΐας

2. Οι Δελφοί ονομάζονταν:

α. ομφαλός της γης   β. το κέντρο της γης   γ. το μαντείο της γης

3. Το ιερό ήταν αφιερωμένο στο θεό:

α. Δία   β. Απόλλωνα   γ. Ερμή

4. Η μάντισσα του Απόλλωνα ονομαζόταν:

α. Πυθία   β. Αλκμήνη   γ. Θεώνη

5. Οι σημαντικότεροι αγώνες στους Δελφούς ήταν τα:

α. Νέμεα   β. Ολύμπια   γ. Πύθια

6. Πώς ονομάζονταν οι πολίτες που έκαναν γνωστούς τους αγώνες;

α. Θεωροί   β. Πυθιονίκες   γ. Ιερουργοί

7. Τι σταματούσαν κατά τη διάρκεια της Ιερής Εκεχειρίας;

α. οι ληστείες   β. οι πόλεμοι   γ. οι εμπορικές συναλλαγές

8. Οι ταξιδιώτες πριν μπουν στον ιερό χώρο:

α. έβγαζαν τα παπούτσια τους   β. νήστευαν   γ. πλένονταν

9. Στο θέατρο, που βρισκόταν στους Δελφούς, γίνονταν:

α. μουσικοί αγώνες   β. αθλητικοί αγώνες   γ. αγώνες πάλης

Η Βεργίνα και οι Βασιλικοί Τάφοι

Βασιλικός Τάφος του Φιλίππου Β΄. Πηγή, Wikipedia

«Πήρα το τσαπάκι της ανασκαφής, που έχω μαζί μου από το 1952, έσκυψα στον λάκκο και άρχισα να σκάβω με πείσμα και αγωνία το χώμα κάτω από το κλειδί της καμάρας. Ολόγυρα ήταν μαζεμένοι οι συνεργάτες μου. (...)

Συνέχισα το σκάψιμο και σε λίγο ήμουν βέβαιος. Η πέτρα του δυτικού τοίχου ήταν στη θέση της, απείραχτη (...) Είναι κλειστός! Ήμουν ευτυχισμένος βαθιά. Είχα λοιπόν βρει τον πρώτο ασύλητο (δηλ. κλειστό, που δεν τον είχαν ανοίξει) μακεδονικό τάφο. Εκείνη τη στιγμή δεν ενδιαφερόμουν για τίποτε άλλο. Εκείνη τη νύχτα, όπως και όλες τις επόμενες, στάθηκε αδύνατο να κοιμηθώ περισσότερο από δυο τρεις ώρες.

Γύρω στις 12 τα μεσάνυχτα πήρα το αυτοκίνητο και πήγα να βεβαιωθώ αν οι φύλακες ήταν στη θέση τους. Το ίδιο έγινε και στις 2 και στις 5 το πρωί. Οπωσδήποτε, συλλογιζόμουν, μέσα στη σαρκοφάγο πρέπει να κρύβεται μια ωραία έκπληξη.

Η μόνη δυσκολία που συναντήσαμε ήταν πως την ώρα που ανασηκώναμε το κάλυμμα, είδαμε καθαρά πια το περιεχόμενο και έπρεπε να μπορέσουμε να

κρατήσουμε την ψυχραιμία μας και να συνεχίσουμε τη δουλειά μας, παρόλο που τα μάτια μας είχαν θαμπωθεί απ' αυτό που βλέπαμε και η καρδιά μας πήγαινε να σπάσει από συγκίνηση».
(Μανόλης Ανδρόνικος, «Το Χρονικό της Βεργίνας», εκδόσεις Μορφωτικό Ίδρυμα Εθνικής Τραπέζης)

Τα λόγια του σπουδαίου αρχαιολόγου Μανόλη Ανδρόνικου, που ανακάλυψε τους Βασιλικούς Τάφους της Βεργίνας, μια από τις μεγαλύτερες ανακαλύψεις του 20ού αιώνα, θα μείνουν για πάντα στη μνήμη των Ελλήνων. Η Βεργίνα βρίσκεται στη Μακεδονία και συγκεκριμένα στο Νομό Ημαθίας. Πιστεύεται πως βρίσκεται στη θέση των αρχαίων Αιγών (Αιγές), την πρωτεύουσα της αρχαίας Μακεδονίας. Εκεί, ο διάσημος αρχαιολόγος Μανόλης Ανδρόνικος ανακάλυψε τους τόπους που βρίσκονταν θαμμένοι οι Μακεδόνες Βασιλιάδες. Ανάμεσά τους βρήκε τον πιο σπουδαίο, τον τάφο του Φιλίππου Β΄, πατέρα του Μεγάλου Αλεξάνδρου. Από τα πιο σημαντικά ευρήματα ήταν το χρυσό στεφάνι του βασιλιά και η λάρνακα με τα οστά του. Αξίζει μια επίσκεψη τόσο στη Βεργίνα όσο και στο Αρχαιολογικό Μουσείο Θεσσαλονίκης, για να θαυμάσουμε από κοντά αυτούς τους θησαυρούς. Ας τη βάλουμε στο πρόγραμμά μας λοιπόν!

Η χρυσή λάρνακα του Φιλίππου Β΄. Αρχαιολογικό Μουσείο Θεσσαλονίκης

Εργασία

1. Να μεταφέρετε τα λόγια του Μανόλη Ανδρόνικου στον πλάγιο λόγο, ξεκινώντας ως εξής: Πήρε το τσαπάκι της ανασκαφής που είχε μαζί του…

2. Να γράψετε με δικά σας λόγια τι καταλάβατε από το παραπάνω κείμενο.

Επαναληπτική εργασία

Να γράψετε τη σημασία των λέξεων με βάση τα παραπάνω κείμενα.

Παρθενώνας =

Ικτίνος και Καλλικράτης =

Φειδίας =

Παναθήναια =

Πύθωνας =

Πυθία =

Θεωροί =

Κασταλία =

Μαντείο =

Αιγές =

Ανδρόνικος =

Φίλιππος Β΄ =

Λάρνακα =

Λαϊκά Παραμύθια και….. άλλα παραμύθια

Στην ενότητα αυτήν θα γνωρίσουμε λαϊκά και μη παραμύθια, δηλαδή ιστορίες φανταστικές με διάφορους ήρωες και στοιχεία μαγικά, περιπέτεια και μυστήριο. Τα λαϊκά παραμύθια είναι βγαλμένα από το λαό, γι' αυτό και είναι ανώνυμος ο συγγραφέας, σε αντίθεση με άλλου είδους παραμύθια (π.χ. Αίσωπος). Ας ξεκινήσουμε λοιπόν 😀!

Τα τρία αδέρφια

Σε ένα φτωχό σπιτάκι σε ένα δάσος ζούσαν κάποτε τρία αδέρφια που εργάζονταν σκληρά για να κερδίσουν το ψωμί τους. Όχι όμως και οι τρεις, γιατί ο πιο εργατικός ήταν ο μεγαλύτερος. Ο Εργατούλης, έτσι ονόμαζαν οι κάτοικοι του χωριού τον μεγαλύτερο από τα αδέρφια, όλη την ημέρα δούλευε αδιάκοπα και μόνο το μεσημέρι ξεκουραζόταν για λίγο και πάλι δούλευε μέχρι τα μεσάνυχτα. Το μόνο του ελάττωμα ήταν η τσιγγουνιά του. Δεν αγόραζε τίποτε για τον εαυτό του, παρά ντυνόταν με κουρέλια και έτρωγε όσο πιο λιτά γινόταν. Τόσο, που ακόμη και τα Χριστούγεννα δεν απολάμβανε την παραδοσιακή γαλοπούλα, που τα αδέρφια του τιμούσαν και με το παραπάνω!

Ο μεσαίος αδερφός, ο Τεμπελάκος, ήταν τελείως διαφορετικός. Δούλευε ελάχιστα και πού τον έβρισκες πού τον έχανες, κοιμόταν κάτω από ένα δέντρο! Αυτό φυσικά γινόταν αφορμή για συνεχείς καβγάδες με τα αδέρφια του, που τον προειδοποιούσαν ότι θα τον αποκλήρωναν, αν εξακολουθούσε να τεμπελιάζει. Ο Τεμπελάκος λοιπόν εκτός από τον ύπνο, διασκέδαζε σε βάρος των αδερφών του και τους έκλεβε συχνά χρήματα, χωρίς να τον παίρνουν είδηση. Όχι όμως για πολύ..........!

Ο τρίτος και τελευταίος, ο Σπατάλης, ναι μεν δούλευε πολύ, όπως και ο Εργατούλης, αλλά συνάμα ξόδευε ασταμάτητα! Ξόδευε και ξόδευε σε γλέντια, ρούχα και γενικά σε όλα όσα τον ευχαριστούσαν, με αποτέλεσμα να μένει πάντοτε χωρίς χρήματα. Αυτή του η συμπεριφορά προκαλούσε την οργή του μεγαλύτερου αδερφού του, αλλά και τα σχόλια του περίγυρου, αφού τα τρία αδέρφια ζούσαν κοντά στο πιο κουτσομπόλικο χωριό της περιοχής!

Με αυτά λοιπόν περνούσε ο καιρός και έφτασε η στιγμή τα τρία αδέρφια να αποκατασταθούν και να φτιάξουν τη δική τους οικογένεια. Έτσι, το ρόλο αυτόν ανέλαβε μια γνωστή προξενήτρα της περιοχής, που θα έψαχνε τις καταλληλότερες νύφες για τους τρεις τους. Άκουσε λοιπόν για τρεις κοπέλες σε ένα κοντινό χωριό, που είχαν όμως ένα ελάττωμα: ήταν πολύ άσχημες. Εξαιτίας αυτής της ασχήμιας τους έμεναν ανύπαντρες τόσα χρόνια. Μπορεί βέβαια να ήταν άσχημες, αλλά στη νοικοκυροσύνη και την καθαριότητα δεν τις έφτανε κανείς! Είχαν να λένε όλοι για τα φαγητά και τα γλυκά τους, που πραγματικά ήταν ασυναγώνιστα!

Έτσι, ξεκίνησε η προξενήτρα να πάει στο χωριό και να κάνει το προξενιό με τις κοπέλες, που την περίμεναν πώς και πώς!! Μόλις φτάνει λοιπόν στην πρώτη κοπέλα, την Ακριβένια και βλέπει το σπίτι της να αστράφτει από καθαριότητα και στο τραπέζι να βρίσκονται κάθε λογής αγαθά, σκέφτεται η προξενήτρα: «Τέτοια νοικοκυροσύνη και αρχοντιά δεν έχω ξαναδεί! Αλλά πόσο άσχημη! Κρίμα να μην είναι και πανέμορφη!». Τελικά πείθει την κοπέλα να συναντήσει τον μεγαλύτερο από τα αδέρφια, τον Εργατούλη δηλαδή, γιατί πίστευε ότι αυτή θα του ταίριαζε καλύτερα.

Στο δεύτερο σπίτι, της φάνηκαν όλα ακόμη πιο αστραφτερά και λαμπερά! Μα και η δεύτερη κοπέλα η Ζωηρούλα, τι ασχήμια! «Μα καλά», σκέφτηκε η κυρά Προξενήτρα, «είναι δυνατόν τέτοια νοικοκυρά να' ναι τόσο άσχημη;». Αυτή την προόριζε για τον μεσαίο αδερφό, τον Τεμπελάκο.

Τέλος, φτάνει και στην τρίτη κοπέλα που εκεί πραγματικά έμεινε με ανοιχτό το στόμα! Η Ζαχαρένια ήταν όνομα και πράγμα! Είχε ετοιμάσει σοκολατένια γλυκά, ζαχαρωτά, μπισκότα και κάθε λογής καλά, ό,τι τραβάει η ψυχή σου και λαχταρά! Η κυρά Προξενήτρα ήταν πολύ ευχαριστημένη, αλλά τι ατυχία και εδώ! Η ίδια και απαράλλαχτη ασχήμια με τις προηγούμενες. Με τον Σπατάλη ίσως να ταίριαζαν και να κατάφερνε να τον συμμαζέψει από τις σπατάλες του! Ας δοκίμαζε και ας έβλεπε. Δεν είχε να χάσει τίποτα.

Κανόνισαν λοιπόν να συναντηθούν με τους υποψήφιους γαμπρούς και με την ελπίδα να μη σταθεί αφορμή η ασχήμια τους, έφτιαξαν γλυκά και φαγητά για να τους εντυπωσιάσουν. Έφτασε η στιγμή να γνωριστούν και σαν από θαύμα, τα παλληκάρια έδειξαν πως τους άρεσαν οι κοπέλες, αφού, ας μην ξεχνάμε, δύσκολα θα έβρισκαν και αυτοί νύφες. Καμία κοπέλα δεν ήθελε να μείνει για πάντα στο δάσος. Αυτό πάντως που τους εντυπωσίασε ήταν η νοικοκυροσύνη τους!

Έγιναν οι γάμοι με προσκεκλημένους όλο το χωριό! Τι γάμοι ήταν αυτοί! Στ' αλήθεια όμοιούς τους δεν είχαν ξαναδεί οι χωριανοί! Όλοι όμως σχολίαζαν το ίδιο πράγμα: «Τόσο όμορφα παλληκάρια και πόσο άσχημες κοπέλες!». Έτσι, περνούσαν τα χρόνια και τα ζευγάρια έδειχναν πραγματικά ευτυχισμένα, αφού οι γυναίκες τους τούς είχαν αλλάξει και συνήθειες. Ο Εργατούλης έγινε πιο ανοιχτοχέρης, ο Τεμπελάκος πιο εργατικός και ο Σπατάλης πιο οικονόμος. Τελικά αυτό που εκτίμησαν τα τρία αδέρφια ήταν η αξιοσύνη των συζύγων τους, που κανείς δεν αμφισβητούσε. Η ευτυχία τους όμως δεν κράτησε για πολύ....Κάποιος τη ζήλεψε και βάλθηκε να τους την κλέψει...

Ένα πρωί και όπως κάθε πρωί, ενώ πήγαν τα αδέρφια στις δουλειές τους, έμειναν οι γυναίκες τους να φροντίζουν τις δουλειές του σπιτιού. Εκεί που σκούπιζε η Ζωηρούλα την αυλή, εμφανίζεται μία αλεπού πολύ πεινασμένη και διψασμένη. Τότε η Ζωηρούλα της δίνει να πιει νερό και δύο κότες να φάει. Η αλεπού την ευχαρίστησε και έφυγε. Σε λίγη ώρα και ενώ βρισκόταν ακόμη στην αυλή η Ζαχαρένια, εμφανίζεται ένας λύκος. Το ίδιο και αυτός. Τότε η κοπέλα, χωρίς να χάσει καιρό του δίνει αμέσως να φάει και να πιει. Αφού την ευχαρίστησε και ο λύκος, έφυγε να βρει το κοπάδι του. Τέλος, στην Ακριβένια εμφανίστηκε μια αρκούδα. Η κοπέλα της έδωσε μέλι να φάει και νερό να πιει, αυτή την ευχαρίστησε με τη σειρά της και έφυγε.

Κατά το μεσημεράκι, την ώρα του φαγητού βλέπουν οι κοπέλες μια γριά να έρχεται ταλαιπωρημένη, κουρασμένη και πεινασμένη. Χωρίς χρονοτριβή, τη φιλοξενούν και της προσφέρουν και ένα στρώμα να κοιμηθεί. Για κακή τους τύχη όμως δε γνώριζαν πως η ζητιάνα ήταν μια μάγισσα, που, επειδή ήταν κι αυτή πολύ άσχημη στα νιάτα της, δεν μπόρεσε ποτέ να παντρευτεί και ζήλεψε την τύχη των κοριτσιών. Δεν μπορούσε να καταλάβει πώς ήταν δυνατό να παντρεύτηκαν οι πιο άσχημες της περιοχής, οι οποίες συνάμα ήταν και πολύ καλόκαρδες, αφού η ίδια είχε στείλει τα ζώα προηγουμένως, με την ελπίδα να τις κατασπαράξουν, αν δεν τους έδιναν φαγητό. Ατύχησε όμως, γιατί οι κοπέλες ήταν τόσο πονόψυχες, που περιποιήθηκαν αμέσως τα ζώα.

Τότε, από την πολλή ζήλια της, μεταμόρφωσε τις κοπέλες σε πέτρες και τις άφησε να στέκονται έξω από το σπίτι αμίλητες και ακούνητες. Το μεσημέρι επέστρεψαν οι άνδρες και απόρησαν που οι γυναίκες τους δεν ήταν εκεί. Φώναξαν, έψαξαν, πήγαν στην πόλη, ρώτησαν τους πάντες, αλλά μάταια! Άφαντες! Λες και άνοιξε η γη και τις κατάπιε! Πού να ήξεραν πως έστεκαν έξω από το σπίτι και οι καημένες δεν μπορούσαν ούτε να το δείξουν ούτε να το φωνάξουν!

Έπεσαν σε μελαγχολία τα δύστυχα παλληκάρια, που τώρα κατάλαβαν πόσο πολύ αγαπούσαν τις συζύγους τους και δεν μπορούσαν ούτε στιγμή να τις αποχωριστούν... Άφησαν τις δουλειές τους και άρχισαν το ψάξιμο. Τους φαινόταν απίστευτο αυτό που συνέβη! Ακόμη και ο Τεμπελάκος έγινε ο πιο γρήγορος από όλους! Ο Σπατάλης έπαψε να ενδιαφέρεται για άσκοπες σπατάλες και σκεφτόταν μόνο πώς θα βρεθούν οι γυναίκες τους. Αμ ο Εργατούλης; Αυτός να δείτε! Ήταν αποφασισμένος να διαθέσει όσα χρήματα είχε προκειμένου να βρει την αγαπημένη του.

Ο καιρός περνούσε και αφού τα τρία αδέρφια είχαν γυρίσει όλο τον κόσμο και είχαν ξοδέψει όσα όσα για αυτό το σκοπό, απελπισμένοι και απογοητευμένοι επέστρεψαν πάμφτωχοι και σε άθλια κατάσταση στο σπίτι τους, χωρίς κουράγιο για ζωή και δουλειά.. Όλα είχαν ερημώσει. Παντού αγριόχορτα και τσουκνίδες τόνιζαν αυτή την ερήμωση. Και οι τρεις πέτρες εκεί! Φύτρωσαν γύρω τους κάθε λογής χόρτα και βρωμιές...

Άρχισαν αμέσως σκληρή δουλειά και αποφάσισαν να μην απελπίζονται, γιατί βαθιά μέσα τους πίστευαν πως θα έρθει η μέρα που θα ξανάβρισκαν τις αγαπημένες τους συζύγους. Επέστρεψαν στη ρουτίνα τους και με τη δουλειά έλπιζαν να ξεχαστούν από τα προβλήματα. Μια μέρα, έτσι όπως καθάριζαν την αυλή, παρατήρησαν τις τρεις μεγάλες πέτρες που ήταν εκεί, χωρίς όμως να τις έχουν ξαναδεί. Τους προκάλεσε εντύπωση το γεγονός αυτό, αλλά δεν έβαλαν το μυαλό τους να σκεφθεί παραπάνω. Έτσι, τις καθάρισαν από τα χόρτα και τα ξερόκλαδα και τις άφησαν να κείτονται εκεί.

Σα νύχτωσε, βγαίνει στην αυλή ο Εργατούλης και κάθεται επάνω σε μία από τις πέτρες σκεφτικός. Εκεί που καθόταν, έρχεται μια αρκούδα και με ανθρώπινη φωνή του λέει: «Μη στενοχωριέσαι φίλε μου. Κάθεσai επάνω στην τύχη σου». Μην μπορώντας να καταλάβει τα λόγια αυτά ο φτωχός νέος, τάισε την αρκούδα και πήγε για ύπνο. Το επόμενο βράδυ βγήκε ο Σπατάλης. Σε αυτόν εμφανίστηκε μια αλεπού και του είπε ακριβώς τα ίδια λόγια: «Μη στενοχωριέσαι φίλε μου. Κάθεσαι επάνω στην τύχη σου». Ανίδεος και ο Σπατάλης πήγε για ύπνο, αφού περιποιήθηκε και αυτός το πεινασμένο ζώο. Την τρίτη βραδιά ήταν η σειρά του Τεμπελάκου να πάει στην αυλή. Κάθεται και αυτός επάνω στην πέτρα και τότε βλέπει έναν λύκο να γυαλίζουν τα μάτια του στο σκοτάδι. Προς στιγμήν φοβήθηκε, αλλά ο λύκος τον καθησύχασε με τα ίδια λόγια: «Μη στενοχωριέσαι φίλε μου. Κάθεσai επάνω στην τύχη σου». Ανεξήγητα ήταν και τα λόγια του λύκου, αλλά ο Τεμπελάκος τον ευχαρίστησε δίνοντάς του φαγητό και νερό.

Την επομένη, έτσι όπως κάθονταν γύρω από το τραπέζι και οι τρεις, συζήτησαν τα όσα τους είπαν τα παράξενα ζώα και αποφάσισαν να λύσουν το μυστήριο πηγαίνοντας σε μία μάγισσα. Έλα όμως που η μάγισσα ήταν η ίδια γριά που μεταμόρφωσε τα κορίτσια σε πέτρες! Προσφέρθηκε τάχα να τους βοηθήσει και τους λέει: «Για να βρείτε τις γυναίκες σας, θα περπατήσετε τρία μερόνυχτα σε αγκάθια και τσουκνίδες, θα πιείτε λάσπη και θα φάτε αυγά χήνας. Τότε θα εμφανιστούν οι γυναίκες σας και θα είστε πάλι μια ευτυχισμένη οικογένεια!». Όλα αυτά όμως έκρυβαν τον κίνδυνο να εξαφανιστούν και τα παλληκάρια! Αυτά όμως στην απελπισία τους την πίστεψαν και ξεκίνησαν να εκπληρώσουν τα όσα είπε η μάγισσα.

Το πρωί όμως που έφευγαν από το σπίτι, εμφανίζονται και τα τρία ζώα μαζί και ακούνε να τους λένε: «Η τύχη είναι στην αυλή! Η τύχη είναι στην αυλή!». Κοιτάχτηκαν και άρχισαν να σκέφτονται πώς θα μπορέσουν να καταλάβουν τι ακριβώς συμβαίνει. Δεν έδωσαν σημασία στα λόγια των ζώων και έβγαλαν τα παπούτσια τους. Αμέσως αγκάθια άρχισαν να φυτρώνουν γύρω από το σπίτι και μάλιστα τόσο άγρια, που μάτωσαν τα πόδια τους! Παρόλα αυτά, προσπάθησαν να νικήσουν τα εμπόδια και να κάνουν ό,τι τους είχε πει η μάγισσα. Ξαφνικά τα αγκάθια άρχισαν να γίνονται λουλούδια και μάλιστα τόσο όμορφα, που δεν είχαν ξαναδεί στη ζωή τους!! Την ίδια στιγμή, εμφανίζονται και τα τρία ζώα και λένε στα αδέρφια με ανθρώπινη φωνή: «Η αγάπη σας νίκησε το κακό. Τα μάγια θα λυθούν και κανένας πια δε θα ταράξει την ηρεμία σας από εδώ και πέρα!».

Μετά τα λόγια αυτά, άρχισαν οι πέτρες σιγά σιγά να παίρνουν μορφή και να εμφανίζονται μπροστά τους οι τρεις κοπέλες, ομορφότερες από ποτέ!! Μα τι θαύμα ήταν αυτό!! Όλη η ασχήμια τους πήγε στην κακιά μάγισσα, που από τη ντροπή της έφυγε μακριά, σε άλλον τόπο. Η καλοσύνη των κοριτσιών λοιπόν και η αγάπη των συντρόφων τους τούς έφερε τόσο κοντά, που αμέσως λύθηκαν τα μάγια και τώρα, πιο ευτυχισμένοι από ποτέ, έζησαν αυτοί καλά κι εμείς καλύτερα....

(επιμέλεια παραμυθιού, Σ. Δημοπούλου)

Ερωτήσεις-Εργασίες

1. Αφού διαβάσετε προσεκτικά το παραμύθι, προσπαθήστε να το αφηγηθείτε προφορικά μέσα στην τάξη.

2. Γράψτε πλαγιότιτλους στις πέντε πρώτες παραγράφους του κειμένου.

3. Βασικό χαρακτηριστικό των παραμυθιών είναι το μαγικό στοιχείο (π.χ. ζώα που μιλούν, μαγικά αντικείμενα, κ.ά.). Υπογραμμίστε τα στοιχεία αυτά όπως υπάρχουν στο κείμενο (λέξεις, φράσεις, κλπ.).

4. Αφού μοιράσετε τους ρόλους που υπάρχουν στο παραμύθι, διαβάστε το μέσα στην τάξη ή αποδώστε το θεατρικά.

5. Πιστεύετε πως μας διδάσκει κάτι η ιστορία που διαβάσατε, και αν ναι τι είναι αυτό;

6. Δώστε ένα δικό σας τέλος στο παραμύθι.

Ο Ασβούλης, ο Σαυρούλης κι ο Γουρούνης[2]

Μια φορά κι έναν καιρό ήταν τρεις αδελφές και τρία αδέλφια σε ηλικία γάμου. Οι γονείς τους πριν πεθάνουν είχαν αφήσει ευχή και κατάρα στα τρία αδέλφια να καλοπαντρέψουν τις αδελφές τους.

Έρχεται το καλοκαίρι κι εμφανίζεται ο Ασβούλης στο σπίτι των κοριτσιών «Καλή σας μέρα κόρες μου». «Καλή σου καλημέρα», απαντούν οι κόρες. Τότε εμφανίζεται ο μεγάλος αδελφός στην πόρτα και τον ρωτά: «Ποιος είσαι εσύ η χάρη σου και ποια η αφεντιά σου»; «Ο Ασβός, είμαι, αφέντη μου, ένας ταπεινός εργάτης μα ντόμπρος και ειλικρινής, θέλω κάτι σημαντικό να πω αλλά μη με γελάσεις. Είδα την όμορφη την αδελφή, τη θέλω για γυναίκα».

«Πουφ και πουφ και πάλι πουφ, Ασβέ, που θέλεις εσύ την παντρειά. Μυρίζει ο ιδρώτας σου και ζέχνει το κορμί σου». «Θα αρωματιστώ αφέντη μου, αν παντρευτώ την κόρη». «Φύγε, Ασβέ, απ΄το σπίτι μας που από την απλυσιά διώχνεις και τα κουνούπια». Τότε εμφανίστηκε ο μικρός αδελφός και είπε κρυφά στον Ασβούλη: «Πάρε, Ασβέ, οδοντόκρεμα και πάρε και λεβάντα. Να παρφουμαριστείς και να πλυθείς την κόρη να φιλήσεις». Πλένει ο Ασβός τα δόντια του, πλένει το κορμί του και σα γαμπρός στην εκκλησιά μπαίνει με φίνα οσμή του.

Έρχεται το φθινόπωρο κι εμφανίζεται ο Σαυρούλης στο σπίτι των κοριτσιών. «Καλή σας μέρα κόρες μου». «Καλή σου καλημέρα», απαντούν οι κόρες. Τότε εμφανίζεται ο μεσαίος αδελφός στην πόρτα και τον ρωτά: «Ποιος είσαι εσύ η χάρη σου και ποια η αφεντιά σου;». «Είμαι ο Σαυρούλης, πολυχρονεμένε μου και ήρθα στο παλάτι σας το διαμαντοστολισμένο την όμορφη, πεντάμορφη

---

[2] Θερμές ευχαριστίες στην αγαπημένη συνάδελφο Θεοδώρα Ευθυμίου για την ευγενική παραχώρηση.

αδελφή σας, τη χρυσή τη χρυσοστολισμένη να πάρω για γυναίκα μου να έχω για κορώνα στο φαλακρό κεφάλι μου να μου το ομορφαίνει η λάμψη της, η ομορφιά, η γλύκα κι η σβελτάδα».

«Απαπά και πάλι απά, φεύγα από το σπίτι μας, γλοιώδη και σαλιάρη που από την κολακεία και τα περιττά τα λόγια πέφτουν σωρό τα σάλια σου σαν πρωτοβρόχια στο κεφάλι». «Θα πάρω ομπρέλα αφέντη μου, αν παντρευτώ την κόρη». «Φύγε, Σαύρε, απ´το σπίτι μας που η μακριά σου γλώσσα φτάνει ως το ταβάνι». Τότε εμφανίστηκε ο μικρός αδελφός και είπε κρυφά στον Σαυρούλη: «Πάρε, Σαύρε, αδιάβροχο, πάρε και ομπρέλα, μετρίασε τα λόγια σου, σκούπισε και τα σάλια σου να πάρεις την κοπέλα». Φοράει αδιάβροχο, φοράει και κοστούμι, παντρεύτηκε μέρα βροχερή η κόρη τον Σαυρούλη.

Έρχεται ο χειμώνας κι εμφανίζεται ο Γουρούνης στο σπίτι των κοριτσιών. «Καλή σας μέρα κόρες μου». «Καλή σου καλημέρα», απαντούν οι κόρες. Τότε εμφανίζονται τα αδέλφια στην πόρτα και τον ρωτούν: «Ποιος είσαι εσύ η χάρη σου και ποια η αφεντιά σου;». «Είμαι ο Γουρούνης, φίλοι μου, να συστηθώ πρωτίστως. Γουρούνιος ονομάζομαι, εκατομμυριούχος. Ιδιοκτήτης μαγαζιών και εργοστασιάρχης, αλλαντικά παράγουμε ποιότης πρώτης τάξης. Το χέρι της μικρής της αδελφής θέλω να σας ζητήσω, με εκλεκτά κρεατικά μαζί σας να δειπνήσω».

«Αλί αλί και τρισαλί, φωτιά θα μας ανάψεις. Δεν ήξερες; Δε ρώταγες; Την αδελφή θα βλάψεις. Είν´ χορτοφάγος η μικρή, το κρέας αν μυρίσει, άρρωστη βαριά θα πέσει, θα μας λιποθυμήσει». «Θα κάνω δίαιτα, μασάζ, τα λίπη μου θα κάψω, το κρέας θα αποχωριστώ αν είναι να αρραβωνιαστώ». «Φύγε, Γουρούνη, άπληστε πάρε μαζί τα πλούτη, αίματα και κρέατα διώχνουν την κόρη τούτη». Ο μικρός αδελφός, όμως, είπε κρυφά στον Γουρούνη: «Σήκω, Γουρούνη, τα μανίκια σου έναν κήπο να σκάψεις, λαχανικά, δέντρα πολλά και λέλουδα να φτιάξεις. Για να τα δει η κόρη μας, να τα μοσχομυρίσει, και με τη χάρη του Θεού γαμπρό να σε τιμήσει».

Έτσι, μέχρι την άνοιξη είχαν καλοπαντρευτεί όλες οι κόρες και ύστερα πήραν σειρά και οι αδελφοί. Μόνο ο μικρός δεν είχε βρει την αγάπη και ήταν μόνος του στο σπίτι αλλά και στη ζωή. Ένα βράδυ ήρθαν στον ύπνο του οι γονείς του και του είπαν: «Γιε μας μικρέ, γιε μας χρυσέ, γιε μας και καλογιέ μας, να ψάξεις την αγάπη σου μέσα σε μια *ντουλάπα*». Ξυπνάει ο μικρός και αρχίζει να ψάχνει όλα τα ντουλάπια και τα συρτάρια του σπιτιού, τα κάνει όλα άνω κάτω αλλά δε βρίσκει τίποτα. Πέφτει σε μαρασμό το παλληκάρι και τον παίρνει με κλάματα ο ύπνος. Τότε ακούει μία γλυκιά φωνή να του ψιθυρίζει στο αυτί: *«Να ακολουθήσεις το καλό που έκανες για άλλους και τότε εκείνο το καλό την αγάπη θα σου φέρει».*

Δρόμο παίρνει δρόμο αφήνει ο μικρός αδελφός και παίρνει την απόφαση να ψάξει την αγάπη. Κουράστηκε όμως από το ταξίδι και είπε να κάνει μία στάση στη μεγάλη του αδελφή. Τον βλέπει με χαρά η αδελφή του και τρέχει να τον πάρει αγκαλιά. Εκείνη την ώρα έμπαινε στο σπίτι ο Ασβούλης που γύριζε από τη δουλειά. Βλέπει τη γυναίκα του αγκαλιά, βλέπει και πλάτη αντρική και είναι έτοιμος το έγκλημα να κάνει. Προτού ορμήσει όμως στον άγνωστο που αγκάλιαζε τη γυναίκα του, πήγε στο μπάνιο να πλυθεί και να βάλει αποσμητικό, γιατί μύριζε ιδρώτα από τη δουλειά και δεν ήθελε να τον κακοχαρακτηρίσει η γυναίκα του.

Με το που γυρίζει από το μπάνιο βλέπει μπροστά του τον αγαπημένο του γαμπρό. «Πουφ και πουφ και πάλι πουφ, αδελφέ, με έκανες να σκάσω. Με έσωσε το αποσμητικό το έγκλημα να κάνω. Τι σε έφερε κοντά μας σήμερα; Μεγάλη η χαρά μας». «Αχ τυχερέ, Ασβέ, εσύ τη βρήκες την αγάπη. Εγώ μονάχος είμαι στη ζωή, σαν καλαμιά στον κάμπο». «Η αγάπη είναι δίπλα μας καμιά φορά, αδελφέ μου. Άνοιξε καλά τα μάτια σου και ψάξε στο συρτάρι».

Δρόμο παίρνει δρόμο αφήνει ο μικρός και είπε να κάνει μία στάση στη μεσαία του αδελφή στο ταξίδι για την αγάπη. Τον βλέπει με χαρά η αδελφή του και τρέχει να τον πάρει αγκαλιά. Εκείνη την ώρα έβγαινε από το σπίτι ο Σαυρούλης, αλλά είδε πως είχε πιάσει ψιλή βροχή. Βλέπει τη γυναίκα του αγκαλιά, βλέπει και πλάτη αντρική και είναι έτοιμος το έγκλημα να κάνει. Προτού ορμήσει όμως στον άγνωστο που αγκάλιαζε τη γυναίκα του, πήγε να πάρει μια ομπρέλα για να μη γίνει μούσκεμα και φέρει νερά στο σπίτι και τον μαλώσει η γυναίκα του.

Με το που επιστρέφει όμως από την ομπρελοθήκη, βλέπει μπροστά του τον αγαπημένο του γαμπρό. «Απαπά και πάλι απά, αδελφέ, με κοψοχόλιασες. Με έσωσε η ομπρέλα το έγκλημα να κάνω. Τι σε έφερε κοντά μας σήμερα; Μεγάλη η χαρά μας». «Αχ τυχερέ, Σαύρε, εσύ τη βρήκες την αγάπη. Εγώ μονάχος είμαι στη ζωή, σαν καλαμιά στον κάμπο». «Η αγάπη είναι δίπλα μας καμιά φορά, αδελφέ μου. Άνοιξε καλά τα μάτια σου και ψάξε στο πατάρι».

Δρόμο παίρνει δρόμο αφήνει ο μικρός και είπε να κάνει μία στάση στη μικρή του αδελφή στο δρόμο για την αγάπη. Τον βλέπει με χαρά η αδελφή του και τρέχει να τον πάρει αγκαλιά. Εκείνη την ώρα έμπαινε στο σπίτι από το περιβόλι ο Γουρούνης, αλλά του έπεσε το καλάθι με τα φρούτα από την ταραχή. Βλέπει τη γυναίκα του αγκαλιά, βλέπει και πλάτη αντρική και είναι έτοιμος το έγκλημα να κάνει. Προτού ορμήσει όμως στον άγνωστο που αγκάλιαζε τη γυναίκα του, σκύβει να βάλει τα φρούτα μέσα στο καλάθι γιατί τα μάζεψε με αγάπη για τη γυναίκα του και δεν ήθελε να σκορπιστούν.

Με το που σηκώνει όμως το κεφάλι από το πάτωμα βλέπει μπροστά του τον αγαπημένο του γαμπρό. «Αλί, αλί και τρισαλί, φωτιά που πήγες, αδελφέ, να ανάψεις, να με κάψεις. Με έσωσαν τα φρούτα μου το έγκλημα να κάνω. Τι σε έφερε κοντά μας σήμερα; Μεγάλη η χαρά μας». «Αχ τυχερέ, Γουρούνη, εσύ τη βρήκες την αγάπη. Εγώ μονάχος είμαι στη ζωή, σαν καλαμιά στον κάμπο».

«Η αγάπη είναι δίπλα μας καμιά φορά, αδελφέ μου. Άνοιξε καλά τα μάτια σου και ψάξε γράμμα να΄βρεις».

Κουρασμένος κι απελπισμένος από το ταξίδι αλλά χαρούμενος κι ευτυχισμένος από τη φιλοξενία και την αγάπη της οικογένειάς του, ο μικρός αδελφός επέστρεψε στο πατρικό του. Σφάλισε τα μάτια του να πάρει έναν υπνάκο και τότε ήρθε η μορφή της μητέρας του και του ψιθύρισε τρυφερά στο αυτί:

«*Γιε μου και λεβέντη μου,*
Καλό μου παλικάρι,
Η αγάπη είναι δίπλα σου,
Κόρη φορεί στεφάνι.

Σε αγαπούσε πάντοτε,
Από μικρή και πάντα.
Γράμμα σου έγραψε παλιά
Το άφησε στη γλάστρα.

Το πήρα και το έκρυψα
Μέσα σε ένα συρτάρι
Σε εκείνη τη ντουλάπα μας
Που είναι στο πατάρι.

Ήθελα να ψάξεις να το βρεις,
Όταν θα ξέρεις πια,
Πως η αγάπη βρίσκεται
Καμιά φορά κοντά.

Μπορεί να είναι δίπλα μας,
Αλλά να μη τηνε θωρούμε.
Η αγάπη πάντα έρχεται
Σε όποιον τη ζητά.

Ο μικρός αδελφός ξύπνησε γεμάτος προσμονή κι έψαξε στο πατάρι, μέσα στη ντουλάπα, μέσα στο συρτάρι και βρήκε ένα γράμμα. Το είχε γράψει η παιδική του φίλη η Ανθή, όταν ήταν μικρή και η μητέρα του το είχε φυλάξει σαν πολύτιμο φυλαχτό. Μέσα στην καρδιά της άνοιξης, ζήτησε ο μικρός αδελφός τη γειτόνισσά του την Ανθή σε γάμο κι έγινε γλέντι τρικούβερτο με τραγούδια και χορό. Ήμουν κι εγώ εκεί, αυτό μπορώ να σας το πω.

(«Οι μαγικοί γαμπροί». Κατάλογος ελληνικών παραμυθιών, στο:
Αγγελοπούλου, Α., Καπλάνογλου, Μ., Κατρινάκη, Ε. (2004). Αθήνα: Κέντρο Νεοελληνικών Ερευνών Ε.Ι.Ε., σσ. 469-482.)

Ερωτήσεις-Εργασίες

1. Ποια είναι τα πρόσωπα-ζώα που πρωταγωνιστούν στο παραμύθι; Να υπογραμμίσετε τα χαρακτηριστικά του καθενός με λέξεις ή φράσεις.

2. Σας είναι συμπαθείς οι ήρωες του παραμυθιού και γιατί; Πιστεύετε πως αγωνίζονται να βρουν την αγάπη από τις συζύγους τους;

3. Ποιον ρόλο παίζει ο μικρός αδερφός των κοριτσιών στην εξέλιξη της ιστορίας;

4. Να βρείτε ομοιότητες ανάμεσα σε αυτό το παραμύθι και «Τα τρία αδέρφια» ως προς το θέμα τους.

5. Μοιράστε τους ρόλους του παραμυθιού και διαβάστε το μέσα στην τάξη ή παρουσιάστε το με θεατρική μορφή.

Διδακτικό λαϊκό παραμύθι

Το πιο γλυκό ψωμί

Κάποτε ήταν ένας πλούσιος βασιλιάς, πολύ πλούσιος, που ό,τι επιθυμούσε η καρδιά του το 'χε. Όλα τα είχε, και τον έλεγαν ευτυχισμένο, ώσπου έπαθε μια παράξενη ανορεξιά και δεν είχε όρεξη να βάλει τίποτα στο στόμα του. Σιγά σιγά αδυνάτιζε, κι άρχισε να γίνεται γκρινιάρης και παράξενος. Πολλοί γιατροί πήγαιναν και τον έβλεπαν, μα τα γιατρικά τους τίποτα δεν μπορούσαν να του κάμουν. Η ανορεξιά του βασιλιά όλο και κρατούσε, κι εκείνος αδυνάτιζε μέρα με την ημέρα. Τίποτα δεν ήθελε να φάει· ούτε «του πουλιού το γάλα», που λέει ο λόγος.

Ώσπου κάποια μέρα, έτυχε να περνάει από το παλάτι του ένας ασπρομάλλης γέροντας φτωχός, που ήτανε όμως σοφός κι ήξερε από γιατρικά. Του είπανε λοιπόν για το βασιλιά, κι ανέβηκε να τον δει. «Μήπως κουράζεσαι, βασιλιά μου;», τον ρώτησε. «Τι λες, γιατρέ μου», του λέει ο βασιλιάς. «Όλη μέρα ξαπλωμένος επάνω στο θρόνο μου, ούτε το μικρό μου δαχτυλάκι δεν κουνώ». «Μήπως έχεις έγνοιες και σκοτούρες για το λαό σου;». «Όχι, κάθε άλλο. Εγώ ζω ξέγνοιαστος, και καρφάκι δε μου καίγεται για κανέναν!». «Μήπως επιθύμησες ποτέ σου κάτι και δεν μπόρεσες να το 'χεις;». «Ούτε κι αυτό! Βασιλιάς είμαι, κι ό,τι γυρέψω, το βλέπω μπροστά μου!...».

Σκέφτηκε, σκέφτηκε λίγο ο γέροντας, ύστερα γυρίζει και λέει του βασιλιά: «Άκουσε, βασιλιά μου: Καθώς βλέπω, δεν έχεις τίποτα σοβαρό. Εκείνο που φταίει και δεν έχεις όρεξη να τρως, είναι το ψωμί που σου δίνουν στο παλάτι! Να διατάξεις να σου φέρουν να φας το πιο γλυκό ψωμί του κόσμου. Αν μπορέσεις να το 'χεις αυτό, τότε θα γιατρευτείς!».

Από την ίδια μέρα ο βασιλιάς έδωσε διαταγή στους φουρναραίους του παλατιού να ζυμώσουν και να του ψήσουν «το πιο γλυκό ψωμί του κόσμου!».

Έπεσαν με τα μούτρα στη δουλειά οι ψωμάδες σ' όλο το βασίλειο, ποιος θα κάμει στο βασιλιά το πιο γλυκό ψωμί! Ζύμωσαν με ζάχαρη κι ανθόγαλα κάθε λογής ψωμιά και του τα 'φερναν στο παλάτι να τα δοκιμάσει. Μα κανένα απ' όλα εκείνα τα ψωμιά δεν άνοιγε την όρεξη στο βασιλιά. Ούτε κι ήθελε να τα φάει. Το 'να του μύριζε, τ' άλλο του βρομούσε. Ώσπου μια μέρα, έξω φρενών ο βασιλιάς, έστειλε ανθρώπους του να πάνε να βρούνε το γέροντα και να τον ξαναφέρουνε μπροστά του. Έτσι λοιπόν κι έγινε.

«Θα σε κρεμάσω, που με ξεγέλασες!», του φώναξε ο βασιλιάς μόλις τον είδε. «Γιατί, βασιλιά μου;», τον ρώτησε ο γέροντας. «Γιατί το γλυκό ψωμί, που είπες να μου φτιάξουνε να φάω, δε μου έκαμε τίποτα!». «Μπα;», έκαμε ο γέροντας. «Φαίνεται πως το ψωμί που σου ζύμωσαν, δεν ήταν τόσο γλυκό όσο έπρεπε!». Ο βασιλιάς ήταν πάλι έτοιμος ν' αγριέψει, μα είδε το γέρο που κάτι συλλογιζότανε, και περίμενε.

«Άκουσε, βασιλιά μου», του λέει ο γέροντας ύστερ' από λίγο. «Αν θέλεις να δοκιμάσεις στ' αληθινά το ψωμί που θα σε γιατρέψει, πρέπει να 'ρθεις μαζί μου για τρεις μέρες μονάχα και να κάνεις ό,τι σου λέω. Αν δε γίνεις καλά, είσαι ελεύθερος να μου πάρεις το κεφάλι!».

Κι ο βασιλιάς, παιδί μου, θέλοντας και μη, δέχτηκε να πάει μαζί με τον παράξενο γέροντα, εκεί που του 'λεγε. Φόρεσε κι αυτός φτωχικά ρούχα, έβαλε παλιοπάπουτσα, πήρε κι ένα μπαστούνι στα χέρια του κι έφυγε κρυφά από το παλάτι, μακριά, κι επήγανε στον κάμπο, εκεί που καθόταν ο γέροντας, σε μια καλύβα, μέσα σ' ένα χωράφι σπαρμένο.

Ξημερώνοντας, έδωσε ο γέροντας στο βασιλιά ένα δρεπάνι και του λέει: «Έλα να θερίσουμε!». Έπιασε ο βασιλιάς και θέριζε μες στη ζέστη ολάκερη μέρα. Έκαμε καμιά σαρανταριά δεμάτια στάχυα. Ήρθε το βράδυ, πέσανε ξεροί να κοιμηθούνε. Ούτε φαΐ όλη μέρα, ούτε τίποτα. Έμενε, βλέπεις, κι ο γέροντας νηστικός.

Την άλλη μέρα, πρωί πρωί, ξύπνησε ο γέροντας το βασιλιά και του λέει: «Σήκω τώρα, να πάρουμε όλ' αυτά τα δεμάτια, να τα πάμε στ' αλώνι να τ' αλωνίσουμε!». Κουβάλησε στην πλάτη του ο βασιλιάς περισσότερα από τα μισά, κι ύστερα όλη μέρα, γκαπ γκουπ, τα κοπάνιζε, ώσπου κάνανε το σιτάρι σωρό, τ' ανεμίσανε και το βάλανε στο σακί. Κι όλη μέρα την περάσανε πάλι έτσι, νηστικοί κι οι δυο τους, μόνο λίγο νερό ήπιανε από το πηγάδι, που ήτανε κοντά στην καλύβα. Πέσανε πάλι κουρασμένοι το βράδυ και κοιμηθήκανε. Την τρίτη μέρα, το χάραμα, ο γέροντας σήκωσε το βασιλιά: «Ξύπνα», του λέει, «τώρα να πάμε το στάρι μας στο μύλο να τ' αλέσουμε! Πάρ' το εσύ στην πλάτη σου, γιατί εγώ δεν μπορώ, και πάμε εκεί στην κορφή του βουνού, που 'ναι ο μύλος». Τι να κάμει ο βασιλιάς, αφού έτσι ήτανε η συμφωνία, φορτώνεται το σακί στην πλάτη, και κουρασμένος κι ελεεινός το κουβάλησε στην κορυφή. Τώρα άρχισε και να πεινάει, μα δεν έλεγε ακόμα τίποτα.

Αλέσανε το στάρι τους, και για να μην τα πολυλογούμε, γυρίσανε κατά το μεσημέρι στην καλύβα, πάλι ο βασιλιάς φορτωμένος τ' αλεύρι. «Έλα τώρα να ζυμώσουμε», του λέει ο γέρος. Ξεχώρισε ως δέκα λίτρες αλεύρι, το 'ριξε στη σκάφη κι έβαλε το βασιλιά να ζυμώνει. Ύστερα τον έστειλε στο βουνό να κόψει ξύλα, κι αργά κατά το βράδυ βάλανε και κάψανε το φούρνο, για να ψήσουνε 3-4 καρβέλια. Ο βασιλιάς τώρα πεινούσε και περίμενε πότε να ψηθούν τα ψωμιά, για να φάει! Μα πιο πολύ τα λιμπιζόταν, όταν άρχισε να βγαίνει από το φούρνο η μυρωδιά τους. «Πεινάω πολύ», λέει του γέρου. «Περίμενε και θα φας!», του απάντησε εκείνος.

Σε λίγο βγήκανε τα καρβέλια, αχνιστά και ροδοψημένα. Σαν πεινασμένος λύκος τότε ο βασιλιάς άρπαξε το καρβέλι, το έκοψε με τα χέρια του κι άρχισε να τρώει. Μα με την πρώτη μπουκιά που κατάπιε, το πρόσωπό του έγινε κόκκινο από χαρά και φώναξε: «Μάλιστα! Αυτό είναι το πιο γλυκό ψωμί του κόσμου! Κι όμως ούτε μια κουταλιά ζάχαρη δεν έριξα στο ζυμάρι του!». Τότε ο γέροντας χαμογέλασε και του είπε: «Βασιλιά μου, πρέπει να ξέρεις πως η ζάχαρη του ψωμιού σου ήταν ο ιδρώτας που έχυσες για να το φτιάξεις. Τώρα είσ' ελεύθερος να ξαναπάς στο παλάτι σου. Κοίτα μονάχα να δουλεύεις αποδώ κι εμπρός, και θα δεις πως η όρεξη δε θα σου λείψει».

Ο βασιλιάς ακολούθησε τη συμβουλή του γέροντα, κι όταν γύρισε στο παλάτι του, δούλευε κάθε μέρα για το λαό του, κατέβαινε και στον κήπο του γι' άλλες δουλειές, κι από τότε γιατρεύτηκε από την ανορεξιά κι έτρωγε καλά, που μακάρι να τρώγαμε κι εμείς έτσι!

(ελαφρά διασκευασμένο, αντλήθηκε από: Κείμενα Νεοελληνικής Λογοτεχνίας Α΄ Γυμνασίου)

Ερωτήσεις-Εργασίες

1. Ποια είναι τα δύο βασικά πρόσωπα του παραμυθιού; Ποιες είναι οι διαφορές μεταξύ τους;

2. Ποιο ήταν το πρόβλημα του βασιλιά;

3. Σε τι δοκιμασία τον έβαλε ο γέροντας;

4. Για ποιο λόγο τον έβαλε σε αυτή τη δοκιμασία;

5. Πώς βρήκε λύση στην ανορεξία του ο βασιλιάς και τι ήταν τελικά το πιο γλυκό ψωμί;

6. Τι μας διδάσκει το παραμύθι;

7. Δώστε έναν άλλον τίτλο.

8. Παρουσιάστε θεατρικά το παραμύθι μέσα στην τάξη.

Φύλλα εργασίας στις γλωσσικές ενότητες

1ο Φύλλο εργασίας

Τι δεν θα γίνω όταν μεγαλώσω

Ώρα δέκα το βράδυ κι εγώ αγκαλιά με το laptop γράφω κάποιο ρεπορτάζ. Πρέπει να το τελειώσω σήμερα, να το παραδώσω και να ξεκινήσω το επόμενο αύριο νωρίς-νωρίς! Κάποια στιγμή, το μάτι μου πέφτει στην άκρη της πόρτας. Τον βλέπω να με παρακολουθεί αμίλητος, αγέλαστος, ακούνητος. Του κάνω νόημα να κάτσει δίπλα μου και τότε, ο μικρός σοφός μου αρχίζει να μου μιλά: «Μαμά το αποφάσισα! Όταν μεγαλώσω δεν θα γίνω δημοσιογράφος! Εσείς οι δημοσιογράφοι όλο δουλεύετε κι όλο δεν έχετε λεφτά!». Σιωπή. Σαν κάποιος να πάτησε το στοπ στο μυαλό της μεγάλης μαμάς που έχει πάντα κάτι να απαντήσει στο μικρό παιδί. Με κοιτάζει βαθιά στα μάτια, περιμένοντας μια απάντηση. Και τότε, ξεκινώ να μιλώ, ελπίζοντας να μιλήσω μέσα στο μυαλό και στην ψυχή του. Πως όσα του πω, θα μείνουν για πάντα εκεί χωρίς τίποτα και κανείς να καταφέρει ποτέ να τα σβήσει: «Κοίταξε αγόρι μου. Στη ζωή σου σημασία έχει να κάνεις πάντα αυτό που αγαπάς. Κι αν κάνεις αυτό που αγαπάς, θα είναι σαν να παίζεις ένα παιχνίδι που σου αρέσει πολύ. Δε θα σε νοιάζει ούτε η κούραση, ούτε το άγχος, ούτε τίποτα. Και τότε, σαν από θαύμα, θα έρθουν και τα λεφτά. Μπορεί να μην είναι πάρα πολλά, αλλά δεν έχει σημασία. Σημασία έχει να είσαι ευτυχισμένος μ' αυτό που κάνεις…»

(άρθρο διασκευασμένο, αντλήθηκε από: protothema.gr, 19.12.24)

Ερωτήσεις

1. Να εξηγήσετε τον τίτλο του κειμένου.   (μονάδες 4)
2. Τι συμβουλεύει η μητέρα τον γιο της στο τέλος; Πώς σας φαίνεται η γνώμη της;   (μονάδες 4)
3. Γράψτε έναν άλλον τίτλο στο κείμενο   (μονάδες 1)

Ασκήσεις

1. «Ώρα δέκα το βράδυ………. να μου μιλά»: να μεταφέρετε το απόσπασμα στον πλάγιο λόγο.   (μονάδες 3)

2. Να εξηγήσετε μέσα από προτάσεις τις παρακάτω λέξεις: αμίλητος, αγέλαστος, ακούνητος.   (μονάδες 3)

3. Να μεταφέρετε τα παρακάτω ρήματα στο παρελθόν (Παρατατικό ή Αόριστο): πέφτει, παρακολουθεί, ξεκινώ, αγαπάς, παίζεις.   (μονάδες 2,5)

4. Να γράψετε τα τρία γένη των επιθέτων (ο, η, το): αμίλητος, μεγάλης, ευτυχισμένος, σοφός, αγέλαστος.   (μονάδες 2,5)

5. Γράψτε τη σωστή λέξη στα κενά:

α. Όταν ένας δημοσιογράφος ρωτά τους περαστικούς για ένα θέμα, λέμε πως κάνει ………………… (ειδήσεις, ρεπορτάζ, παρουσίαση).
β. Όποιος ασχολείται με τη(ν) ……………………… (πολιτική, μαγειρική, δημοσιογραφία), εργάζεται σε έναν τηλεοπτικό σταθμό.
γ. Του είπα τη σκληρή αλήθεια και με κοίταζε ……………….. (αμίλητος, γελαστός, ακούραστος).
δ. Είναι μεγάλη ………………… (απόφαση, στιγμή, σκέψη) να είμαστε σίγουροι για το επάγγελμα που θα ακολουθήσουμε.
ε. Στα περισσότερα επαγγέλματα υπάρχει ………………… (ξεκούραση, άγχος, χαρά).
                                                    (μονάδες 5)

2° Φύλλο εργασίας

Η θλιμμένη αγελάδα

Ήταν συμπαθητική, σεμνή και συνεσταλμένη αγελάδα. Φορούσε βέλο, μαύρη κορδέλα πένθους γύρω από το λαιμό και έμοιαζε αφάνταστα δυστυχισμένη, λες κι ένα μεγάλο κι αβάσταχτο κακό την είχε βρει.

Αναστέναξε βαθιά και από τα μάτια της στάζανε δάκρυα πόνου και απελπισίας (από το ένα μάτι στάζανε δάκρυα πόνου και από το άλλο δάκρυα απελπισίας).

— Καλημέρα κύριε ταυρομάχε, πρόφερε δειλά, ζητώ συγγνώμη που σας ενοχλώ και διακόπτω το πρωινό σας!

— Μα τι λέτε, κυρία μου, αγελάδα μου, θέλω να πω. Περάστε! Καθίστε! Θα πάρετε κάτι; Τι να σας προσφέρω; Να σας προσφέρω μια μερίδα γρασίδι να το μηρυκάσετε;

— Όχι, ευχαριστώ! Μου έχει κοπεί η όρεξη. Δε βάζω μπουκιά στο στόμα μου τώρα τελευταία! Ξέρετε ποια είμαι;

— Ιδέα δεν έχω!

— Είμαι η Αμαλασούνθα, η χήρα του ταύρου που σκοτώσατε προχτές στις ταυρομαχίες!

— Μη μου πείτε!

Σ' αυτό το σημείο η αγελάδα δεν μπόρεσε να συγκρατηθεί, την πήρε το παράπονο και άρχισε να κλαίει με αναφιλητά. Σου ράγιζε την καρδιά το κλάμα της.

— Γιατί μου το κάνατε αυτό, έλεγε ανάμεσα στους απανωτούς λυγμούς που την έπνιγαν. Γιατί τον σκοτώσατε; Ξέρετε τι καλός που ήταν; Τι εξαιρετικός ταύρος; Ποιος θα φροντίζει τώρα τα μοσχαράκια μας; Δε μου λέτε; Ποιος θα τα φροντίζει; Θα πάρουν τον κακό δρόμο! Κορνμπίφ θα καταντήσουν!

— Πόσα μοσχαράκια έχετε;

— Τρία!

— Να σας ζήσουν! Αλλά ξέρετε...

— Είμαι τόσο δυστυχισμένη! Θέλω να δώσω ένα τέλος στη ζωή μου! Έτσι μου 'ρχεται να πάω σε κανένα χασάπη και να του πω: «Πάρε με, κάνε με ζαμπόν, κάνε με μπριζόλες να ησυχάσω!». Μουχουχού! Μουχουχού!

— Ησυχάστε, κυρία μου! Ηρεμήστε! Μη μουγκανίζετε έτσι! Σπαράζει η καρδιά μου να σας ακούω! Είπε ο Ελ Πεπόλδο κι απ' την ταραχή του άρχισε ν' αλείβει με μαρμελάδα το μανίκι του.

— Μουχουχού! Μουχουχού!

— Φτάνει! Σας παρακαλώ!

— Μουχουχού! Μουχουχού! Και το 'λεγε το ωροσκόπιο του! Ήταν Ταύρος ξέρετε, είχε γεννηθεί στον αστερισμό του Ταύρου! Το 'λεγε το ωροσκόπιο του: «Άμα συναντήσετε ταυρομάχο, οι προοπτικές δεν είναι καθόλου καλές. Αποφεύγετε τις αρένες! Το κόκκινο χρώμα θα σας φέρει γρουσουζιά». Έτσι έλεγε το ωροσκόπιό του!

— Λυπάμαι, κυρία μου! Ό,τι έγινε, έγινε! Θα ξαναφτιάξετε τη ζωή σας μ' έναν άλλον ταύρο!

— Εγώ μόνο τον Εβούλσιο αγαπούσα!

— Εβούλσιο; Είπατε Εβούλσιο;

— Ναι!

— Μα δεν ταυρομάχησα με τον Εβούλσιο προχτές. Έγινε μια αλλαγή την τελευταία στιγμή! Μονομάχησα μ' έναν άλλον ταύρο!

— Ω! Τι ευτυχία! Τι απίστευτη ευτυχία! Διάβασα στις εφημερίδες ότι ο ταυρομάχος σκότωσε τον ταύρο στο δεύτερο γύρο και νόμισα πως ήταν ο καλός μου! Δεν έμαθα για την αλλαγή! Πόσο χαίρομαι! Μου 'ρχεται να σας γλείψω τη μύτη από τη χαρά μου!

— Δε βαριέστε!... Αλλά ξέρετε... με τον Εβούλσιο θα ταυρομαχήσω σήμερα, και όχι να το παινευτώ, αλλά συνήθως νικάω! Τους κατατροπώνω εγώ τους ταύρους!

Το χαμόγελο έσβησε από τη μουσούδα της Αμαλασούνθας.

— Μη μου το κάνετε αυτό, κύριε ταυρομάχε, μουγκάνισε με αγωνία.

— Πώς να μην το κάνω; Αυτή είναι η δουλειά μου! Πώς θα βγάζω αλλιώς λεφτά; Πώς θα αγοράζω παγωτά για να τρώω, και βεντάλιες για να χαρίζω στη δόνα Ροζίτα Ντολορές Μαμασίτα Μασουλίτα, την καλή μου;

— Μην το κάνετε αυτό! Σκεφτείτε τα μοσχαράκια μας που θα μείνουν ορφανά! Σας υπόσχομαι πως δε θα πεινάσετε ποτέ! Θα σας δίνω εγώ γάλα παχύ και θρεπτικό κάθε πρωί, για να φτιάχνετε παγωτό και ο Εβούλσιος που είναι έξυπνος ταύρος, θα μάθει να παίζει πίπιζα! Θ' ανοίξουμε τσίρκο! Θα βγάζουμε με το τσουβάλι λεφτά. Εγώ θα κάθομαι στο ταμείο και θα γεμίζω το τσουβάλι.

Η Αμαλασούνθα σώπασε. Περίμενε μ' αγωνία την απάντηση του ταυρομάχου. Ο Ελ Πεπόλδο απόμεινε για λίγο συλλογισμένος. Αναλογιζόταν το ρίγος των χειροκροτημάτων!

— Εντάξει, είπε στο τέλος. Σύμφωνοι! Στο κάτω κάτω δεν είναι και τόσο ευγενική απασχόληση να σκοτώνεις ταύρους σε όλη σου τη ζωή! Έχω υπογράψει όμως συμβόλαιο. Πρέπει να βρω κάποια δικαιολογία για να μην ταυρομαχήσω! Δεν ξέρω τι να κάνω! Εσείς τι λέτε;

— Να κάνετε τον άρρωστο! Ο αγώνας θ' αναβληθεί! Μετά θ' αγοράσετε τον Εβούλσιο και θα βάλουμε μπροστά το σχέδιο μας!

— Πολύ καλή ιδέα! Είπε συγκινημένος ο ταυρομάχος. Αυτό θα κάνω! Ολέ! Και χωρίς να χάνει ώρα, έβγαλε τη στολή του, φόρεσε τις πιτζάμες του και ξάπλωσε στο κρεβάτι.

(Ευγένιος Τριβιζάς, «Ο ταύρος που έπαιζε πίπιζα». Αντλήθηκε από: Ανθολόγιο Λογοτεχνικών Κειμένων Ε΄ & ΣΤ΄ Δημοτικού)

Ερωτήσεις

1. Εξηγήστε την ιστορία με δικά σας λόγια σε 30 λέξεις   (Μον. 5)
2. Για ποιο λόγο αλλάζει τελικά γνώμη ο ταυρομάχος; Πιστεύετε πως του άρεσε η δουλειά του ή όχι;   (Μον. 2)
3. Τι μας διδάσκει η ιστορία αυτή; Να γράψετε την απάντησή σας όπως εσείς την καταλαβαίνετε.   (Μον. 3)

Ασκήσεις

1. Να σημειώσετε στις παρακάτω φράσεις αν πρόκειται για κυριολεξία ή μεταφορά. Κυκλώστε τη σωστή απάντηση (για την κυριολεξία και μεταφορά, βλέπε σελ. 149).

α. στάζανε δάκρυα τα μάτια	Κ	Μ
β. ζητώ συγνώμη	Κ	Μ
γ. μου κόπηκε η όρεξη	Κ	Μ
δ. ράγιζε η καρδιά	Κ	Μ
ε. ο αγώνας αναβάλλεται	Κ	Μ
στ. βγάζω τη στολή μου	Κ	Μ
ζ. βάζω μπροστά το σχέδιο	Κ	Μ
η. παίρνω τον κακό δρόμο	Κ	Μ

(Μον. 4)

2. Να μεταφέρετε τα παρακάτω ρήματα στον Ενεστώτα (στο τώρα). Το πρόσωπο και ο αριθμός να μην αλλάξουν.

α. αναστέναξε
β. θα φροντίζει
γ. θα μείνουν
δ. περίμενε

ε. θα αγοράσετε
στ. είπε
ζ. έβγαλε
η. φόρεσε

(Μον. 4)

3. Να σχηματίσετε φράσεις με τις παρακάτω λέξεις (π.χ. δουλειά **σημαντική**).

μερίδα, ζωή, ευγενικός (-ή, -ό), υπογράφω, έξυπνος (-η, -ο), αγώνας, δάκρυα, δρόμος.

(Μον. 4)

140

3ᵒ Φύλλο εργασίας

Υγεία των παιδιών και άσκηση

Η άσκηση στην παιδική ηλικία είναι απαραίτητη για τη σωματική και πνευματική υγεία των παιδιών. Ένα παιδί μπορεί είτε να ασχοληθεί με κάποιο άθλημα ή να γραφτεί σε ένα γυμναστήριο, ώστε να αγαπήσει τον αθλητισμό, αλλά και για να βελτιώσει την υγεία του.

Τα οφέλη της σωματικής άσκησης είναι ποικίλα:

- Δυναμώνει τους μύες και τα κόκκαλα. Βοηθάει στην υγεία και την ανάπτυξη των παιδιών.
- Βοηθά στο να μην αρρωσταίνουν συχνά.
- Βοηθά στο να ελέγχουν οι γονείς το βάρος των παιδιών.
- Βοηθά στο να κοιμούνται καλύτερα τα παιδιά.
- Έχουν περισσότερη ενέργεια.

Εκτός όμως από το σώμα, η άσκηση βοηθά πολύ και στο σχολείο, αφού:

- Η συγκέντρωση και προσοχή στο μάθημα γίνεται καλύτερη.
- Το παιδί μαθαίνει να συμπεριφέρεται καλύτερα μέσα και έξω από την τάξη.
- Μαθαίνει να δουλεύει ομαδικά και να συνεργάζεται.

Για καλύτερα αποτελέσματα, οι γονείς μπορούν να επιλέξουν το είδος και τη συχνότητα της άσκησης με βάση τις ανάγκες κάθε ηλικίας.
Για μεγαλύτερες ηλικίες, οι δυνατότητες είναι περισσότερες. Η σωματική διάπλαση των παιδιών είναι πλέον κατάλληλη για αερόβια άσκηση και ασκήσεις ενδυνάμωσης, ενώ μπορούν πλέον να συμμετέχουν και σε μεγαλύτερης διάρκειας προγράμματα.

Για όλες όμως ανεξαιρέτως τις ηλικιακές κατηγορίες, η άσκηση κατά την παιδική ηλικία μαζί με μια ισορροπημένη διατροφή είναι ο καλύτερος τρόπος για τη σωματική και πνευματική υγεία ενός παιδιού.

(άρθρο διασκευασμένο από το Διαδίκτυο)

Ερωτήσεις

1. Για ποιους λόγους, σύμφωνα με το κείμενο, είναι απαραίτητη η άσκηση στα παιδιά;   (Μον. 3)
2. «Τα οφέλη της σωματικής άσκησης είναι ποικίλα……….. ενέργεια»: Να ξαναγράψετε το απόσπασμα σε μία κανονική παράγραφο, ενώνοντας τις προτάσεις. Για τη σύνδεση χρησιμοποιήστε λέξεις όπως: επίσης, επιπλέον, εκτός από αυτό, κλπ.   (Μον. 5)
3. Συμφωνείτε με όσα αναφέρονται στο κείμενο; Τι είδους άσκηση σας αρέσει και σε ποιο άθλημα παίρνετε μέρος;   (Μον. 2)
4. Να γράψετε τέσσερις (4) δικές σας ερωτήσεις που έχουν σχέση με το κείμενο.   (Μον. 4)

Ασκήσεις

1. Να μεταφέρετε τα παρακάτω στον άλλο αριθμό: της άσκησης, την τάξη, των παιδιών, προγράμματα, ο καλύτερος τρόπος, μάθημα.   (Μον. 3)
2. Να γράψετε για κάθε μία λέξη και από μία πρόταση: άθλημα, γυμναστήριο, υγεία, απαραίτητος (-η, -ο), διατροφή.   (Μον. 5)
3. Να συμπληρώσετε τη σωστή ορθογραφία των λέξεων:

συμπεριφέρομ….   συμμετέχουμ…
αθλούμ….   αθλείστ…
γυμνάζετ….   γυμνάζοντ….

(Μον. 3)

4ο Φύλλο εργασίας

Περιγραφή εικόνων με παραγωγή λόγου

(pixabay.com)

Οι παραπάνω εικόνες σχετίζονται με το θέμα της αγάπης για τη φύση και το περιβάλλον. Να απαντήσετε στα παρακάτω θέματα:

1. Περιγράψτε τι βλέπετε στις εικόνες αναλυτικά. (Μον. 5)
2. Δώστε από έναν τίτλο σε κάθε εικόνα. (Μον. 3)
3. Εξηγήστε σε ποιο από τα παραπάνω μέρη θα θέλατε να βρισκόσασταν και γιατί. (Μον. 5)

Παραγωγή λόγου

Στέλνετε ένα μέιλ σε μία πολύ καλή σας φίλη ή έναν πολύ καλό σας φίλο και την/τον προσκαλείτε να σας επισκεφθεί στο χωριό ή νησί που μένετε. Γράψτε της/του για τις ομορφιές του τόπου σας και τις δραστηριότητες που μπορείτε να κάνετε μαζί. Το κείμενό σας δε θα ξεπερνά τις 120-150 λέξεις.

Εργασία με ανάπτυξη ιδεών

Το σχολείο σας διοργανώνει ένα πρότζεκτ για την προστασία του περιβάλλοντος και τα προϊόντα που πρέπει να χρησιμοποιούμε ή να αποφεύγουμε. Συμπληρώστε τα παρακάτω με κάποιες δικές σας σκέψεις και ιδέες που θα φανούν χρήσιμες για το πρότζεκτ. Χρησιμοποιήστε κυρίως προτάσεις που ξεκινούν με το να, να μη(ν), ας, ας μη(ν), μη(ν), κλπ.

Τι να μην κάνουμε ή τι ας κάνουμε για να προστατέψουμε το περιβάλλον;

✓ ....

✓ ....

✓ ....

✓ ....

✓ ....

✓ ....

✓ ....

✓ ....

Παράρτημα στη Γραμματική

1. Η κλίση του Παρατατικού και οι άλλοι χρόνοι

Ο Παρατατικός είναι ένας παρελθοντικός χρόνος που δείχνει ότι μία πράξη που έγινε στο παρελθόν συνεχιζόταν για αρκετή ώρα ή ώρες. Η διαφορά του με τον Αόριστο είναι πως στον Αόριστο η πράξη είναι στιγμιαία. Τα παραδείγματα θα σας βοηθήσουν να καταλάβετε τη διαφορά.

α. Χθες **διάβαζα** τα μαθήματά μου από το πρωί μέχρι το βράδυ. (πράξη συνεχόμενη)
β. Χθες το πρωί **διάβασα** ένα άρθρο στο ίντερνετ. (πράξη στιγμιαία)

✓ Στους παρελθοντικούς χρόνους ανήκει και ο Υπερσυντέλικος (είχα διαβάσει), ενώ στους παροντικούς ο Ενεστώτας (διαβάζω) και ο Παρακείμενος (έχω διαβάσει).

✓ Στους μελλοντικούς χρόνους ανήκουν οι Στιγμιαίος Μέλλοντας (θα διαβάσω), ο Εξακολουθητικός (θα διαβάζω) και ο Συντελεσμένος (θα έχω διαβάσει).

2. Τα μη και μην στην πρόταση

Το μόριο **μην** διατηρεί το τελικό -ν, όταν η λέξη που ακολουθεί αρχίζει από φωνήεν ή από τα σύμφωνα κ, π, τ, τα δίψηφα γκ, μπ, ντ και τα διπλά ξ, ψ. Λέμε ή γράφουμε δηλαδή: μην πίνεις, μην τρως, μην ντρέπεσαι, κλπ.
Το μη(ν) χάνει το τελικό -ν, όποτε η επόμενη λέξη αρχίζει από τα σύμφωνα: β, γ, δ, ζ, θ, λ, μ, ν, ρ, σ, φ, χ, όπως για παράδειγμα όταν γράφουμε: μη βγεις έξω, μη φύγεις ακόμη, μη ζητάς πολλά, κλπ.

3. Τα επιρρήματα και η σημασία τους

Τα επιρρήματα είναι άκλιτες λέξεις που προσδιορίζουν κυρίως ρήματα, αλλά και άλλα μέρη του λόγου (επίθετα, ουσιαστικά, αριθμητικά, άλλα επιρρήματα και ολόκληρες φράσεις) και δηλώνουν διάφορες σχέσεις, όπως χρόνο, τόπο, τρόπο κ.ά., π.χ. Πήγε πολύ μακριά. Ήρθε αρκετά νωρίς (το μακριά προσδιορίζει το ρήμα πήγε, ενώ το αρκετά προσδιορίζει το νωρίς).
Σε ορισμένες περιπτώσεις τα επιρρήματα λειτουργούν ως λέξεις που συνδέονται νοηματικά με το σύνολο της πρότασης όπου ανήκουν, π.χ. Φυσικά, με βοήθησε πολύ η γνώμη της Έφης.

Ανάλογα με τη σημασία που έχουν διακρίνονται σε πέντε κατηγορίες: α) τοπικά, β) χρονικά, γ) τροπικά, δ) ποσοτικά και ε) βεβαιωτικά, διστακτικά, αρνητικά.

Τα τοπικά επιρρήματα δηλώνουν τόπο. Απαντούν στην ερώτηση πού; Τοπικά επιρρήματα είναι τα: αλλού, αυτού, βόρεια, δίπλα, εδώ, εκεί, εμπρός, εντός, έξω, κάτω, νότια, μέσα, παντού, πάνω, πίσω, πουθενά κ.ά.

Τα χρονικά επιρρήματα δηλώνουν χρόνο. Απαντούν στην ερώτηση πότε; Χρονικά επιρρήματα είναι τα: αμέσως, αργά, αύριο, γρήγορα, διαρκώς, έπειτα, μόλις, πέρυσι, ποτέ, σήμερα, τότε, τώρα, χθες, φέτος κ.ά.

Τα τροπικά επιρρήματα δηλώνουν τρόπο. Απαντούν στην ερώτηση πώς; Τροπικά επιρρήματα είναι τα: αλλιώς, διαρκώς, ειλικρινά / ειλικρινώς, ενστικτωδώς, έτσι, ευθέως, ευχάριστα / ευχαρίστως, καλά / καλώς, κακώς, μαζί, μάταια, μόνο, πάντως, πλάγια / πλαγίως, σιγά κ.ά.

Τα ποσοτικά επιρρήματα δηλώνουν ποσότητα. Απαντούν στην ερώτηση πόσο; Ποσοτικά επιρρήματα είναι τα: αρκετά, λίγο, ολότελα, περίπου, πολύ, τόσο κ.ά. Τα βεβαιωτικά, διστακτικά και αρνητικά επιρρήματα δηλώνουν αντίστοιχα επιβεβαίωση, δισταγμό και άρνηση. Στην κατηγορία αυτή των επιρρημάτων συγκαταλέγονται τα βεβαιωτικά ναι, βέβαια, μάλιστα, τα διστακτικά ίσως, πιθανόν, άραγε και τα αρνητικά δε(ν), μη(ν), όχι.

(Νεοελληνική Γραμματική Γυμνασίου)

4. Μετατροπή του ευθύ σε πλάγιο λόγο και αντίστροφα

Ευθύ λόγο έχουμε όταν ένας άνθρωπος δίνει μια πληροφορία ή κάνει μια ερώτηση ή ζητάει κάτι ή όταν δύο άνθρωποι συνομιλούν μεταξύ τους, π.χ.

- Σήμερα θα βρέξει.
- Τι ώρα είναι;
- Δώσε μου την μπάλα.
- Γιώργο, πώς είσαι;
- Πονάει το κεφάλι μου, δάσκαλε.

Πλάγιο λόγο έχουμε όταν εμείς ή κάποιος άλλος μεταφέρει τον ευθύ λόγο σε κάποιο άλλο πρόσωπο.
Τα προηγούμενα παραδείγματα θα μπορούσαν να γίνουν κάπως έτσι:

Είπε ότι σήμερα θα βρέξει.
Με **ρώτησε** τι ώρα είναι.
Μου είπε να του δώσω την μπάλα.
Ο δάσκαλος **ρώτησε τον Γιώργο** πώς είναι κι εκείνος **του απάντησε ότι** πονάει το κεφάλι του.

* Παρατηρήστε τις αλλαγές από τον ευθύ στον πλάγιο λόγο, όπου συνήθως χρησιμοποιούμε τα ρήματα λέω, απαντώ, ρωτώ κλπ. Αλλαγές σημειώνονται και στις αντωνυμίες, π.χ. το μου γίνεται του/της, το αυτός γίνεται εκείνος, κ.ά.

5. Η χρήση της Υποτακτικής και Προστακτικής

Η Υποτακτική και η Προστακτική ονομάζονται εγκλίσεις και δηλώνουν τη μορφή που παίρνει το ρήμα. Έτσι, δηλώνουμε με αυτές και τη σημασία του. Ας δούμε κάποια παραδείγματα.

α. Εγώ **γράφω** συχνά εκθέσεις → το **γράφω** εδώ είναι Οριστική έγκλιση και δείχνει κάτι που γίνεται στην πραγματικότητα.

β. Δεν έμαθα ποτέ **να γράφω** καλές εκθέσεις → το **να γράφω** εδώ είναι στην Υποτακτική, η οποία συνήθως σχηματίζεται με το να, αλλά όχι μόνο.

γ. **Γράψε** επιτέλους και μια καλή έκθεση! → το **γράψε** εδώ είναι στην Προστακτική και δηλώνει κάποια προτροπή.

Η **Υποτακτική** μπορεί να δηλώνει μια ευχή, προτροπή, δυνατό, απορία, ή πιθανό.

Η **Προστακτική** φανερώνει: προσταγή, προτροπή, απαγόρευση, παράκληση και ευχή.

Παραδείγματα:
α. **Ας** αποφασίσει επιτέλους τι θέλει. (Υποτακτική)
β. **Να** πάμε μια βόλτα;   (Υποτακτική)
γ. **Ας** μη βιαστούμε να φύγουμε.   (Υποτακτική)
δ. **Φύγετε** σας παρακαλώ!   (Προστακτική)
ε. **Έλα** αμέσως εδώ!   (Προστακτική)
στ. **Λυπήσου** με σε παρακαλώ.   (Προστακτική)

6. Η κυριολεξία και η μεταφορά

Κυριολεξία ή κυριολεκτική σημασία μιας λέξης σημαίνει ότι η λέξη χρησιμοποιείται με την αρχική σημασία της.

Μεταφορά ή μεταφορική σημασία μιας λέξης σημαίνει ότι η λέξη δε χρησιμοποιείται με την αρχική σημασία της, αλλά η ιδιότητα ή το χαρακτηριστικό της λέξης μεταφέρεται σε κάποια άλλη λέξη.

Παραδείγματα:

- Η καρδιά της είναι **σκληρή** → η καρδιά δεν είναι σκληρή, άρα η λέξη σκληρή χρησιμοποιείται εδώ μεταφορικά, για να δείξει ότι κάποιος άνθρωπος δεν έχει ευαισθησία, είναι χωρίς αισθήματα.

- Το τυρί που αγόρασες είναι **σκληρό** → η λέξη σκληρό εδώ χρησιμοποιείται κυριολεκτικά, δηλαδή στην πραγματική της σημασία, εφόσον ένα τυρί μπορεί πράγματι να είναι σκληρό.

Βρείτε την κυριολεξία και μεταφορά:

- **χρυσό** συμβόλαιο
- **χρυσό** ρολόι
- **ραγισμένο** τζάμι
- **ραγισμένη** καρδιά
- **μέθυσε** από ευτυχία
- **μέθυσε** από το κρασί
- το μυαλό **ταξιδεύει**
- ο Πέτρος **ταξιδεύει**
- **φοράω** μια κολόνια
- **φοράω** ένα παντελόνι

Βιβλιογραφία

- Νεοελληνική Γλώσσα Α΄ Γυμνασίου. Οργανισμός Εκδόσεων Διδακτικών Βιβλίων. Αθήνα: Διόφαντος.

- Ανθολόγιο Λογοτεχνικών Κειμένων Ε΄ και ΣΤ΄ Δημοτικού. Οργανισμός Εκδόσεων Διδακτικών Βιβλίων. Αθήνα: Διόφαντος.

- Κείμενα Νεοελληνικής Λογοτεχνίας Α΄ Γυμνασίου. Οργανισμός Εκδόσεων Διδακτικών Βιβλίων. Αθήνα: Διόφαντος.

- Γραμματική Νέας Ελληνικής Γλώσσας Γυμνασίου. Οργανισμός Εκδόσεων Διδακτικών Βιβλίων. Αθήνα: Διόφαντος.

- Συντακτικό της Νέας Ελληνικής Γλώσσας για το Γυμνάσιο. Οργανισμός Εκδόσεων Διδακτικών Βιβλίων. Αθήνα: Διόφαντος.

- Χρ. Κλαίρης - Γ. Μπαμπινιώτης. Γραμματική της Νέας Ελληνικής, Ελληνικά Γράμματα, Αθήνα, 2005.

Ηλεκτρονικές διευθύνσεις

http://www.greeklanguage.gr/greekLang/modern_greek/foreign/education/word2text/index.html.

http://www.greeklanguage.gr/pubs

http://isocrates.minedu.gov.gr/content_by_cat.asp?catid=48

www.users.sch.gr

www.pixabay.com